LES
BRODERIES

DE LA

REINE MATHILDE

ÉPOUSE DE GUILLAUME-LE-CONQUÉRANT

par Mme Emma L....

BAYEUX

IMPRIMERIE DE LÉON NICOLLE

1847

LES BRODERIES

DE LA

REINE MATHILDE.

LES
BRODERIES

DE LA

REINE MATHILDE

ÉPOUSE DE GUILLAUME-LE-CONQUÉRANT

par Mme E_{MMA} L.

BAYEUX

IMPRIMERIE DE LÉON NICOLLE

rue Saint-Jean, 27.

1846

A M. ALPHONSE LE FLAGUAIS

Il y a déjà de longues années, Monsieur, que je vous fis part de mon indignation, à la vue des efforts tentés pour ravir à notre Normandie l'honneur d'un de ses plus curieux monuments, sa vieille Tapisserie. Tandis que vous la chantiez, j'allais demander aux écrits de nos antiquaires des preuves de son origine. Mais, vous l'avoûrai-je? en étudiant leurs savants arguments, il m'a semblé que, occupés surtout de la question d'art, ils abandonnaient trop facilement la cause de cette Reine Mathilde, objet de mes prédilections. Alors m'identifiant à l'époque où elle a vécu, j'ai tenté l'étude de *ses Broderies*, non-seulement d'après les témoignages des contemporains, mais aussi sous l'influence de mes propres impressions. De là les deux faces qu'on pourrait assigner à mon *Essai*, la première caractérisée par une Chronique, la seconde par des Annotations puisées dans l'histoire. Constater ici cette double tendance de mon travail, n'est-ce pas expliquer en même temps le patronage que vous lui prêtez, vous le poète si gracieux, si constant de nos antiquités nationales ?

LES BRODERIES

DE LA

REINE MATHILDE.

A Tapisserie de Bayeux, ce *long récit brodé*[1], passait pour l'œuvre de la pieuse épouse de Guillaume-le-Conquérant, lorsqu'il plut à quelques érudits du siècle dernier de contester cette origine consacrée par une longue tradition.

[1] Voyez, pour les renvois, les notes à la fin de cet ouvrage.

Comme le débat se continue de nos jours, peut-être semblera-t-il choquant de voir une femme prétendre y intervenir. Néanmoins, puisqu'il s'agit d'un ouvrage de broderie, ne devrait-on pas s'étonner plutôt de ce que Messieurs les savants n'aient jamais daigné nous soumettre la question, à nous autres femmes ?

Quoiqu'il en soit, notre vœu serait de populariser les recherches d'auteurs plus savants que nous ; car, donner à l'imagination son libre essor, en présence des travaux positifs de la science, nous a toujours semblé un plaisir fort attrayant. Fasse le ciel que nous ne l'ayions pas goûté cette fois aux dépens de ceux dont l'indulgence voudra bien se prêter à nous suivre !

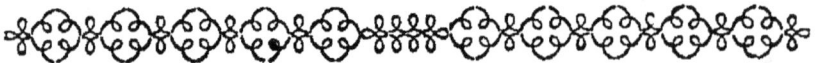

I

Une partie de Chasse

—

Vers le commencement du mois d'août 1066, une troupe de Seigneurs traversait une de ces forêts si communes alors sur les collines qui environnent Rouen. Bien qu'occupés d'un simple exercice de chasse, ces valeureux personnages étaient revêtus de cottes de mailles, et portaient en tête le casque ou bassinet en usage au onzième siècle. A leur ceinturon pendait un poignard à long manche; à la selle de leurs chevaux était également attachée une hache d'armes, et parmi les serviteurs qui suivaient, les uns tenant des chiens en laisse, d'autres sonnant du cor, il s'en trouvait plusieurs dont l'unique occupation consistait à porter des boucliers et des lances.

Cet attirail guerrier, au milieu d'une partie de plaisir, s'expliquait suffisamment, du reste, par l'état d'agitation où se trouvait la Normandie. Le duc Guillaume avait récemment publié son arrière-ban, ne se proposant rien moins que de conquérir l'Angleterre. La rémission de tous les péchés était, comme on sait, promise à quiconque prenait les armes en cette occasion. Peut-être ce moyen de salut, d'ailleurs si bien en harmonie avec les idées du temps, avait-il l'inconvénient d'embrouiller tant soit peu les notions de morale. Ce qu'il y a de certain, c'est que la plupart des guerriers qui se hâtaient d'accourir, ne se gênaient nullement pour satisfaire, chemin faisant, les plus brutales passions.

Quoiqu'il en fût, nos chasseurs arrivés à une petite clairière située sur la lisière de la forêt, préparés qu'ils étaient à l'idée d'une attaque intempestive, se virent surpris par une rencontre à laquelle nul d'entr'eux n'avait songé très probablement. Deux jeunes filles, seules et paraissant accablées de fatigue, étaient assises au pied d'un arbre. L'une, remarquablement jolie, portait le blanc costume de novice; l'autre qui n'avait guère en fait d'attraits, que sa grande jeunesse et sa fraîcheur, devait être, à en juger par son accoutrement, la fille de quelque bourgeois aisé. Sa robe à longue taille busquée était d'étoffe de laine bleue, rayée d'écarlate, et sa mante d'un tissu également de laine, mais plus léger, se terminait vers le haut, par la coiffure appelée chaperon.

A la vue des jeunes filles, le cavalier qui était en tête des chasseurs mit pied à terre, et s'avançant vers elles, il leur demanda par suite de quel événement elles se trouvaient ainsi seules à l'entrée d'une forêt, dans un moment où le ban récemment publié rendait, même les routes publiques, peu sûres pour des jeunes filles de toute condition *et de tout habit,* ajouta-t-il en jetant un regard sur le vêtement de la novice.

Celle-ci à l'aspect des chasseurs s'était levée. Elle répondit avec dignité qu'elle se nommait Marguerite d'Anscarise, comme si ce nom devait suffire pour épargner toute fâcheuse interprétation à ses démarches. Elle ajouta néanmoins, qu'orpheline et n'ayant pour appui qu'une parente éloignée, religieuse au couvent des Préaux, on avait voulu la contraindre à prendre le voile, ce qu'elle savait tout-à-fait contraire aux projets jadis formés par son père à son égard : en conséquence elle s'était décidée, ignorant la publication du ban, à recourir à la protection du duc Guillaume.

— Et comment espérez-vous obtenir cette protection, vous, fille d'un rebelle ? — demanda le chevalier.

— Par la justice du duc de Normandie, — répondit-elle résolument, — mon père a chèrement expié sa rébellion par sa mort, et comme je n'étais alors qu'un enfant au berceau, je ne puis en être responsable.

L'inconnu sourit, évidemment satisfait de cette réponse. Il ajouta pourtant :

— Et quel moyen avez-vous de pénétrer à la

cour ? car enfin, on n'aborde pas le duc de Normandie comme le premier venu !

— Oh ! quant à cela, je suis tranquille : le chef des cuisines du palais est le fiancé de Mabile que voilà, ma propre sœur de lait, dont le père est un digne bourgeois, exerçant l'état de pelletier.....
— Par la splendeur de Dieu ! s'écria le chevalier avec un accent de colère, je ne vous ai pas demandé les titres et qualités de votre sœur de lait !

Les jeunes filles étonnées, se regardèrent, ne comprenant rien à ce violent courroux, qui du reste, dura peu, car l'étranger ajouta aussitôt : — Ecoutez ! je me flatte d'avoir, pour le moins, autant de crédit à la cour que votre chef gâte-sauce. Mais comme il serait impossible de vous faire traverser la ville de Rouen, conduite en triomphe par une bande de chasseurs, dans votre accoutrement de nonne, je vais vous envoyer au château de Darnetal ; dame Ansberge, la femme du gardien, vous procurera d'autres habits. Demain je viendrai vous chercher avec une escorte convenable et, par la splendeur de Dieu ! vous serez présentée au duc Guillaume, ou j'y perdrai mon nom !

—Seigneur, dit la demoiselle d'Anscarise avec fermeté, cet asile m'est-il offert en tout honneur et courtoisie ?

— Je vous le jure ! Il est tel, que je le regarde comme convenable pour mes cinq filles, qu'accompagne le nombre respectable de trois frères, ce qui, soit dit en passant, ne me rend pas un jouvenceau moi-même.

L'étranger en effet était d'un âge mûr, et ses traits du reste assez beaux, exprimaient l'habitude du commandement, plutôt que des sentiments d'une nature plus douce. — Roger de Beaumont ! — s'écria-t-il. Un des chasseurs s'avança. — Mon vieil ami, charge-toi de conduire ces deux jeunes personnes à Darnetal. — Il le prit à part, lui dit quelques mots à voix basse, et le sire de Beaumont se contentant de sourire et de s'incliner, s'offrit pour guide à nos fugitives.

Le trajet ne devait pas être long. Le sire de Beaumont marchait devant, gardant un profond silence. En débouchant de la forêt, on était entré dans une délicieuse vallée. Le spectacle des vertes prairies, coupées par mille petits ruisseaux causait un extrême plaisir à Marguerite, qui, ainsi qu'elle l'avait raconté, s'était vue retenir captive entre les murs d'un cloître. Se retournant pour mieux juger des lieux qu'elle parcourait, elle aperçut le groupe de chevaliers, comme postés à l'entrée de la forêt. Leurs brillantes armures, leurs casques étincelants, les vives couleurs de leurs écharpes, ajoutaient un attrait de plus au paysage : comprenant qu'ils ne restaient là que pour les protéger elle et sa compagne, ses pensées se reportèrent vers cet être étrange dont l'aspect, malgré les bons procédés qu'il avait à son égard, lui inspirait une sorte de crainte indéfinissable.

Mais elle n'eut point le temps de se livrer à ses conjectures. On venait d'arriver en face d'un bâtiment de peu d'étendue, tout environné de murs crénelés, bordés d'un large fossé; une tour carrée, surmontée d'une balustrade découpée à jour, semblait détachée du reste de l'édifice. Marguerite en y portant ses regards, ne put retenir une exclamation de surprise, et le sire de Beaumont lui expliqua comment cette tour avait été élevée d'après les indications du moine italien

Lanfranc; ajoutant comme par manière d'aparté, que les usages d'un pays ne convenaient pas toujours à un autre pays, témoin les tours à sommets découverts, dont la réussite, selon lui, était aussi aventurée sous les brouillards normands, que celle de toute la science des fainéants du Midi, implantée dans la cervelle des vaillants descendants de Rollon.—Il achevait de grommeler son observation au moment où déjà on traversait le pont-levis. Frappant d'autorité à la porte qui aboutissait à son extrémité, il obtint une prompte admission.—Dame Ansberge!—demanda-t-il d'une voix assez retentissante pour que la respectable matrone ainsi évoquée apparût sa quenouille à la main. Il y eut alors entre elle et le chevalier un court colloque; puis la dame faisant sa plus belle révérence à Marguerite, voire même à la fille du pelletier, s'offrit à les conduire dans le château. Un peu interdite, la demoiselle d'Anscarise allait adresser ses remercîments au sire de Beaumont, et lui demander quelques explications, lorsque celui-ci se retournant brusquement, enfila le pont-levis dont la porte se referma aussitôt, coupant court à tout entretien.

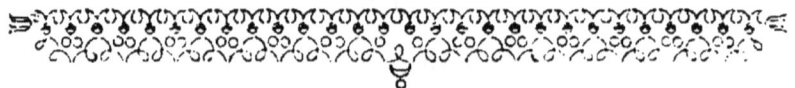

II

Le Château de Darnetal

—

Les personnes les plus familiarisées avec l'histoire de Normandie, peuvent avoir oublié pour un moment, et celles qui ne s'en soucient que de médiocre façon, peuvent n'avoir jamais su, qu'en 1053 (c'est-à-dire treize ans avant les événements que nous rapportons), le comte d'Arques, un des fils de Richard III, avait tenté de se faire proclamer duc de Normandie, à la place de Guillaume, son neveu.

Ce dernier n'avait pas eu beaucoup de peine à faire échouer les plans du comte d'Arques, chez lequel l'ambition n'avait réellement pas de consistance. Lui laissant la vie sauve, Guillaume l'avait dépouillé de ses biens et frappé d'un arrêt de proscription. Le fugitif s'était retiré près d'Eustache comte de Boulogne, où son fils Henri, alors âgé de six ou sept ans, lui avait été amené par un serviteur fidèle.

Au nombre des partisans du comte d'Arques, le seigneur d'Anscarise s'était montré un des plus zélés. N'ayant qu'une fille pour héritière de son nom, il avait porté tous ses vœux vers une alliance avec la maison ducale; et le prétendant charmé de s'assurer son concours à ce prix, avait volontiers consenti à fiancer son fils avec la jeune Marguerite, encore dans la plus tendre enfance. Le parti de la révolte ayant été plus tard vaincu, le comte d'Anscarise avait péri les armes à la main. Dépouillée de ses biens, abandonnée de ses amis, sa veuve avait trouvé un asile obscur mais paisible chez la nourrice de sa fille.

Les chagrins, les regrets du passé, peut-être les privations du présent, abrégèrent la vie de la comtesse. Elle mourut lorsque Marguerite n'avait encore que douze ans. A son lit de mort, elle la recommanda à une parente éloignée, religieuse aux Préaux; mais par suite d'une espèce de pressentiment, elle fit jurer à la jeune fille de rester fidèle à l'engagement sacré que ses parents avaient pris en son nom, envers la famille proscrite du comte d'Arques.

Ces quelques mots d'explication sur des événements antérieurs à notre récit, nous ont paru indispensables pour faire comprendre comment la demoiselle d'Anscarise fuyait le couvent et courait le pays, quoique remplie, du reste, de piété et de modestie; ce qui, soit dit en passant, prouve qu'*il ne faut jamais se hâter de juger sur l'apparence,* axiôme qui au milieu de toutes sortes de mérites, ne pèche absolument que par le manque de nouveauté.

Nous avions laissé dame Ansberge, trottant devant nos deux jeunes filles, et leur indiquant le chemin de l'appartement qui, dans le château de Darnetal, portait le nom de chambre d'honneur.

C'était une vaste salle revêtue jusqu'à une hauteur de plus d'un mètre d'une boiserie en chêne, le reste des murs était couvert d'un enduit jaunâtre. Le plafond, formant cintre, laissait voir l'enchevêtrement des poutres. Une cheminée, surmontée d'une sorte d'écusson, représentant un lion sculpté, occupait presqu'un des côtés de l'appartement. En face se trouvait un bahut. Dame Ansberge l'ouvrit : — Voici, dit-elle en s'adressant à Marguerite, des vêtements destinés à l'usage de la duchesse Mathilde et de ses filles, lorsqu'elles viennent ici dans l'intention de suivre les chasses. J'ai ordre de les mettre à votre disposition. — Et ce disant, elle se retira, afin de préparer, ajouta-t-elle, quelques rafraîchissements pour la noble demoiselle d'Anscarise et sa compagne.

Restée seule avec Mabile, Marguerite se mit en devoir de changer de costume. Elle eut la discrétion et le bon goût de choisir ce qu'elle put trouver de plus simple. Ce fut d'abord une robe grise, d'une étoffe unie, mais souple et fine. Cette robe, à peu de chose près, allait à la taille de l'ex-novice. Elle y joignit un petit manteau, qui, attaché aux épaules, venait retomber sur les bras, formant des manches flottantes. Un réseau en tissu d'argent, remplaça les bandelettes blanches, qui naguère retenaient captive la brune chevelure de la jeune fille. Elle la secoua, non sans une expresion de joie très-vive.

—Ah! Mabile, s'écria-t-elle, combien je dois être changée depuis le jour, où l'on me mit presque de force cet habit! Cachons-le vite au fond de ce bahut. Et maintenant donne-moi mon petit coffret, heureuse encore de l'avoir sauvé des mains de ma vénérable cousine! —Certes, c'est bien à moi que vous le devez!— A toi, Mabile! aussi bien que le reste de ma délivrance. Mais voyons, il faut que je mette quelqu'un de ces joyaux de ma mère....

Une larme brilla dans ses yeux. Elle répéta :— Ma mère!.. au milieu de la misère et des privations qu'elle enfante, elle a su pourtant me conserver ce trésor! —Et elle a bien fait, reprit Mabile, en lui passant une riche chaîne d'or autour du cou; —car sans ces bijoux comment saurait-on que vous êtes une demoiselle noble? Il ne vous serait guère commode de crier votre nom à tous les passants, comme à ces chevaliers si courtois. Et tenez! pourquoi ne pas mettre deux ou trois rangs de perles encore avec la chaîne? —Non, Mabile; car j'aurais l'air d'une image de Notre-Dame. — Ah bah ! Si j'étais une demoiselle, moi, je me mettrais des bijoux depuis la tête jusqu'aux pieds, exactement comme la princesse Judith, la nièce de notre duc. Je l'ai vue aux dernières fêtes de Pâques. Elle était toute reluisante d'or. Mais elle a beau faire, cela ne l'embellit pas ! Et puis Wadard m'a dit qu'elle était méchante comme un démon ! Ce n'est pas comme sa cousine la princesse Elgiva [2]......

Ce flux de paroles fut interrompu par l'arrivée de dame Ansberge. Elle entra tenant un plateau couvert de viandes coupées par tranches et placées sur des petites galettes de froment, lesquelles servaient d'assiettes. Deux coupes en corne, ornées de cercles d'argent étaient également sur le plateau, et dame Ansberge tenait en outre à la main une petite cruche du cidre traditionnel.

—Vous parliez de nos dignes princesses,— observa-t-elle avec toute l'aisance d'une femme de charge privilégiée, —et certes, vous pouviez aller loin sans trouver leurs pareilles ! Il y a d'abord la duchesse Mathilde, un ange du bon Dieu, charitable pour les pauvres, généreuse pour les couvents ! Et puis la princesse Adèle et la princesse Constance qui vont bientôt se marier, et leurs sœurs Agathe et Cécile ! Cette dernière est destinée à prendre le voile. Vous ne verrez aucune d'elles demain, parce qu'elles sont présentement à l'abbaye de Sainte-Trinité à Caen, ce magnifique monastère que la duchesse Mathilde a fait ériger pour obtenir la levée de son excommunication. Vous ne pouvez avoir connu cela, vous ! A peine si vous étiez au monde alors. Imaginez qu'on ne pouvait plus ni se marier, ni aller à confesse ; seulement on faisait encore baptiser les enfants.... pauvres innocents, qui n'y étaient pour rien, et qui ne devaient pas se voir privés de leur part du paradis, voyez-vous, parce que notre duc avait épousé sa parente !

— J'ai entendu raconter cela à ma mère, — interrompit Marguerite, désireuse d'obtenir quelques renseignements sur la cour, où on avait promis de la conduire, et sur ce protecteur inconnu que le ciel sans doute lui avait amené; — ainsi nous ne verrons point les jeunes princesses ?

—Vous verrez celle que j'ai nourri de mon lait, ma chère et malheureuse demoiselle Elgiva.— Malheureuse ! — s'écria Mabile, — comment cela se peut-il, puisqu'elle est fille de prince ?— Oh ! cela n'y fait rien; car voilà notre duchesse, dont le père assurément était prince, et la mère, ni plus ni moins que la propre fille du roi de France; eh bien ! si j'étais bavarde, allez !.. Je pourrais vous en conter de tristes.... Mais de tout ce qui regarde les grands, moins on en dit, et plus on est sage !

—Et la princesse Elgiva ? — insista Marguerite.—Elle, pauvre ange du bon Dieu ! Elle a été fiancée, voyez-vous, à un prince anglais, un beau jeune homme, qui venait souvent ici, et qui était aimable envers le monde ! Si vous saviez quel plaisir c'était de les voir tous deux suivant la chasse, et causant ensemble bien plus qu'ils ne chassaient, je vous en réponds ! C'est alors qu'on a fait arranger ce château.... Ces habits, que vous avez là, ce sont ceux de ma pauvre demoiselle; et quand le duc son père s'est fâché avec le prince Harold :—Tiens, nourrice, m'at-elle dit, et les larmes lui coulaient le long des joues, — tu resteras ici, et tu veilleras à ce que tout reste dans l'étal actuel, afin que du moins je retrouve ici, sans aucun changement, des lieux témoins de mon bonheur détruit.—Et j'y ai bien pris garde ! car il n'y a pas un escabeau qui ne soit exactement à la même place où il était quand le prince Harold vint à Darnetal pour la dernière fois !

Nous n'avons pas l'intention de rapporter mot à mot, l'entretien de nos fugitives et de dame Ansberge, nous bornant à dire que de part et d'autre on s'entendit à merveille. Marguerite avait sa bonne part de la curiosité qu'on a coutume d'attribuer aux filles d'Eve, que les grilles du couvent, n'avaient pas beaucoup amortie, chez elle, à ce qu'il paraissait. La bonne concierge de son côté était d'une loquacité à défier tous les sténographes du monde; et comme un tel secours ne s'est point trouvé à notre disposition, en cette occurrence, nous sommes forcée, quoiqu'à regret, de priver le lecteur de la presque totalité de leur conversation.

Seulement, nous devons dire qu'encouragée par la bonhommie de dame Ansberge, Marguerite ne lui cacha rien de sa situation. Mais quand elle essaya d'en obtenir quelques éclaircissements sur son mystérieux protecteur, la digne concierge se tint sur la réserve. Elle se contenta de répondre que ce devait être quelque seigneur jouissant d'une grande influence, puisque le sire Roger de Beaumont, agissant de concert avec lui, s'était cru en droit de mettre tout le château et jusqu'aux vêtements des princesses, à la disposition de la demoiselle d'Anscarise. Elle ajouta que le lendemain après l'heure de la dînée, une escorte devait venir la chercher pour la conduire à la cour.

III

L'Attaque.

Le lendemain, à l'heure dite, Marguerite, accompagnée de sa sœur de lait, se rendit à la tour carrée, dont il a été fait mention plus haut. Montées sur la plate-forme qu'entourait une balustrade, elles dominèrent les deux vallons qui se réunissent à Darnetal. Dans le lointain on distinguait les toits pressés et les hauts clochers de

Rouen. Des masses d'arbres bordant les fossés de la ville, terminaient ce charmant paysage, couronné à l'horizon par les cîmes bleuâtres de la montagne Sainte-Catherine.

Toutefois, nous devons à la vérité d'affirmer qu'ainsi en contemplation, Marguerite était moins sensible aux charmes de la nature, qu'attentive à ce qui se qui se passait dans le chemin aboutissant, en ligne sinueuse, au château. Une troupe d'hommes d'armes le parcourait à cet instant. Tout-à-coup elle disparut cachée par les hêtres qui bordaient l'avenue; mais peu de minutes après on entendit frapper violemment à la poterne du pont-levis; puis des voix rudes, menaçantes s'élevèrent à travers le cliquetis des armes. Nos jeunes filles entendirent avec effroi le chef présumé de la bande annoncer que si on refusait d'ouvrir, il saurait bien se frayer un passage en dépit de toute résistance.

Justement effrayée d'une déclaration qui, évidemment, annonçait des intentions hostiles, Marguerite eut de suite la pensée qu'on venait la réclamer au nom de l'abbesse des Préaux. Mais songeant à la promesse exigée d'elle par sa mère au lit de la mort, elle résolut de déployer tout ce qu'elle se sentait d'énergie pour résister à l'oppression. Hâtons-nous de dire, toutefois, que la jeune fille se trompait dans ses conjectures, et que les religieuses du couvent qu'elle avait fui employaient, pour la ramener au bercail, le seul secours de leurs prières et des recherches qu'un vieux jardinier boiteux faisait dans leurs alentours.

Ignorant ces motifs de sécurité, la demoiselle d'Anscarise, afin de mieux juger du danger qui la menaçait, se plaça à l'angle de la tour carrée, et se penchant sur la balustrade, elle put ainsi dominer en partie le pont-levis, tandis que Mabile agenouillée près d'elle et la retenant par le pan de sa robe, se recommandait à tous les saints du paradis, leur demandant pardon d'avoir fait échapper une novice.

Dans la position qu'elle occupait, Marguerite put compter le nombre des assaillants, qui s'élevait seulement à sept. Mais à peine avait-elle constaté cette circonstance que tout-à-coup trois chevaliers, débusquant d'un chemin de traverse, fondirent sur les assaillants. Alors l'un deux, d'une voix retentissante animée par la colère, s'écrie,

— qu'il ne souffrira pas, splendeur de Dieu ! qu'une demeure appartenant au duc de Normandie soit insultée de cette sorte. — Marguerite pousse une exclamation. Ce noble coursier, cette armure brillante, ce casque étincelant, et surtout cet air de hauteur et de commandement..... Elle ne peut se tromper..... C'est son protecteur de la veille !

Mais à peine l'a-t-elle reconnu, qu'aussitôt un combat s'est engagé. Hélas ! les chevaliers ont sept adversaires en tête ; mais si le nombre est contre eux, ils ont du moins l'avantage de l'habileté ! Trois de leurs opposants mordent la poussière, tandis que les quatre autres sont faits prisonniers ou mis en fuite.

Marguerite haletante, ne perdait pas une seule alternative du combat. Mais bientôt un des vaincus s'est relevé ; il a dit quelques mots au valeureux inconnu, celui-ci s'arrête comme surpris. On sonne du cor d'une façon particulière, la poterne s'ouvre, et le chevalier profère ces mots qu'on peut alors entendre distinctement de la tour carrée. — Imbécilles ! pourquoi n'avoir pas crié que vous agissiez par ordre de la duchesse ? — Se tournant vers un de ses compagnons, il ajoute :

—Vous verrez que cette maudite Judith aura bavardé ! la vipère. Mais vois-tu, Roger, il faut envoyer à la recherche de ces doubles poltrons. Ils appartiennent à la duchesse, vrai Dieu ! Ainsi il faudra leur donner quelqu'argent, afin qu'ils s'achètent du baume et des cataplasmes. Bélesmes et moi, nous allons retrouver nos gens, et nous t'enverrons une escorte qui mérite ce nom. Quant à moi, je ne m'en mêle plus : c'est assez faire le chevalier des dames. Mais, par ma barbe ! je la croyais assez grise pour pouvoir les secourir, sans que notre bonne duchesse vînt y mettre le holà ! —

Et ce disant, le chevalier laissa échapper un gros rire, puis faisant signe au compagnon qu'il s'était réservé, tous deux enfilèrent l'avenue et disparurent dans l'ombre des arbres.

Après leur départ, Roger de Beaumont rassembla la petite troupe envoyée par la duchesse Mathilde, à ce qu'il paraissait. Ceux qui avaient mordu la poussière s'étaient relevés. Familiarisés avec ces terribles jeux, ils furent promptement remis, soit des chocs, soit des contusions, voire même des blessures. Le renfort promis les ayant rejoint, le sire de Beaumont fit avertir Marguerite qu'elle eût à se hâter. Elle prit congé de la bonne Ansberge, et se vit sans plus de cérémonie placée, ainsi que Mabile, en croupe derrière un homme d'armes; puis sur un signal du chef, la cavalcade se mit en route pour Rouen.

IV

La Rencontre

—

Le voyage, si on nous passe un terme assez impropre vu les distances, le voyage, disons-nous, promettait de se faire sans encombre, lorsqu'à un quart de lieue de Darnetal, un spectacle singulier vint frapper les regards de Roger et de ses compagnons. Un énorme charriot était arrêté au milieu de la route. Tout près, sur les bords d'un fossé, un homme était couché par terre. Deux individus l'entouraient, et leur empressement laissait hésiter au premier aperçu, entre la pensée d'un acte de cruauté ou de charité chrétienne.

L'incertitude, à cet égard, ne pouvait se prolonger.—Si vous êtes doués de quelqu'humanité, dit une voix d'un timbre pur, quoiqu'empreinte d'émotion, aidez-moi à relever ce malheureux vieillard, qui vient de succomber aux fatigues d'une longue route.

Roger de Beaumont, bien qu'un rude guerrier, n'était nullement dépourvu de compassion; il ordonna de faire halte. Mue par un instinct de même nature, Marguerite sembla vouloir descendre de cheval; son guide ne demandait probablement pas mieux que de prendre sa part du drame (on dirait de nos jours) qui se déroulait sous leurs yeux; il aida la jeune fille à mettre pied à terre, ce dont elle profita pour examiner de plus près les trois étrangers. Le plus âgé était tout-à-fait évanoui. L'un de ses deux compagnons, paraissait doué d'une nature énergique secondée par la jeunesse. Tous deux appartenaient, à en juger d'après leurs costumes, à la classe des bourgeois aisés. Le troisième était évidemment le conducteur du charriot.

En quelques mots rapides, le jeune homme eut bientôt appris au sire de Beaumont qu'il s'appelait Vital, et venait du comté de Flandre où il s'occupait de commerce, ainsi que son père, l'individu là gisant; qu'obligés de venir en Normandie, à cause de leurs affaires, ils avaient été chargés par le duc Baudoin d'un message pour sa fille la duchesse Mathilde; pressés d'arriver à Rouen, ils avaient fait plus que force ces derniers jours, de sorte que le vieillard déjà fort souffrant, venait de perdre connaissance.

De nos jours, on irait loin sans rencontrer deux marchands, dans l'équipage où se trouvaient nos étrangers, chargés d'un message entre un prince souverain et sa fille. A une époque où les postes et les chemins de fer n'existaient pas, et où par conséquent les communications étaient rares, la circonstance que nous rapportons paraissait la plus simple du monde. Ce qui est également caractéristique, c'est que Marguerite, élevée avec beaucoup de soin, dans le monastère de Préaux, non-seulement, connaissait du noble art de la chirurgie tout ce qu'il convenait à sa position d'en savoir, mais encore ne marchait jamais sans avoir son escarcelle abondamment fournie de spécifiques, de drogues et d'appareils. En conséquence elle tendit une fiole au jeune homme en disant, comme parfaitement sûre de son fait, qu'il suffirait de la faire respirer au malade, pour qu'il reprît aussitôt ses sens. L'étranger saisit le flacon, en jetant sur celle qui le lui offrait, un regard où la reconnaissance ajoutait un charme d'expression plus grand encore à celui d'une physionomie déjà régulièrement belle. Marguerite ne le remarqua point, absorbée qu'elle était par sa pitié pour le vieillard, désireuse aussi, nous sommes obligés de l'avouer, de constater le succès que devait indubitablement obtenir sa fiole.

Il est de fait que le Flamand ne l'eut pas plutôt respirée, qu'il ouvrit les yeux. Puis cherchant à se rendre compte de sa situation, il entendit Roger de Beaumont lui dire, qu'arrêté sur cette route par un mal subit, il y eût probablement succombé, sans le secours merveilleux que venait de lui prêter la demoiselle d'Anscarise.—

D'Anscarise ! — s'écria le vieillard. — Bonté du ciel !.... — Et se reprenant : — Pardon, noble demoiselle, si ma reconnaissance m'égare !... Acceptez les remercîments d'un pauvre voyageur, qui n'a que des prières à offrir pour vous, tant sa position le sépare de la vôtre !

C'était plus d'humilité qu'il n'en fallait, car l'âge et la souffrance ont aussi leurs priviléges. Le sire de Beaumont le comprit : il coupa court à cette apologie, dont le motif lui échappait, en offrant aux étrangers la protection de son escorte jusqu'à Rouen. Le guide prit le soin du cheval qu'avait monté le vieillard, et celui-ci fut mis en croupe derrière son fils. Pour plus de sûreté, on jugea convenable de l'attacher au jeune homme avec une solide courroie.

Au moment où il fut question de pourvoir à cette mesure, Marguerite offrit machinalement une espèce d'écharpe ou de mantille qu'elle portait autour du cou. Le jeune homme la prit, tout en écoutant parler le sire de Beaumont, et machinalement aussi, il l'a mit dans sa poche. Marguerite ouvrait la bouche pour réclamer ; mais un peu interdite par tout ce monde qui l'entourait, elle s'arrêta, ne jugeant pas à propos de faire d'esclandre, à l'occasion d'une écharpe, de minime valeur, après tout.

Enfin, on se remit en marche, et bientôt on aperçut les portes de Rouen. Chemin faisant, le jeune Flamand et le sire de Beaumont avaient eu un entretien fort animé. On peut croire que le premier venait de gagner suffisamment les bonnes grâces de ce seigneur si influent à la cour de Normandie. De fait est-il, qu'en arrivant au palais ducal, le charriot fut soigneusement mis à couvert, et nos deux étrangers confiés aux soins de Wadard, le chef des cuisines du palais, et de plus le fiancé de Mabille.

— Vous ici? — s'écria-t-il en apercevant la fille du pelletier. — O mon Dieu! oui — répondit-elle d'un air piteux. — J'ai fait évader du couvent la demoiselle d'Anscarise, ma sœur de lait, et j'avais même compté sur vous pour la présenter à monseigneur le duc. Mais il paraît qu'elle a trouvé en route une meilleure protection, ce qui ne nous a pas empêché d'avoir une fameuse peur à Darnetal, et d'être secouées sur un maudit cheval, que j'en suis toute moulue! Aussi je vous jure bien que de ma vie je ne me mêlerai plus des affaires des demoiselles nobles, fussent-elles dix fois mes sœurs de lait !

La pauvre Mabille avait exhalé ces plaintes, au moment où le chef des cuisines la descendait galamment de sa monture. Nous allons les laisser à leur entretien, interrompu qu'il fut par les soins dont maître Wadard se vit contraint d'environner l'installation des deux étrangers. Quant à Marguerite, Roger de Beaumont semblait la croire impatiemment attendue; car sans lui laisser le temps de s'informer de ce qu'était devenue sa compagne (emmenée par Wadard à la suite des deux Flamands), il l'introduisit en présence de la cour ducale.

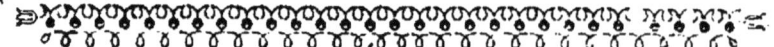

V

La Galerie des Brodeuses

—

Usant de nos privilèges de conteur, nous allons devancer Marguerite dans la galerie dite *des Brodeuses*, où se tenaient les nobles personnages dont elle avait tant d'intérêt à se ménager la protection.

Cette pièce longue et vaste était éclairée par de hautes croisées terminées en cintre ; mais à cet instant avancé du jour, le crépuscule ne luttait plus que faiblement contre la lumière projetée par de grandes torches contenues dans des flambeaux à pieds massifs, posés sur le sol et dominant les membres de l'assemblée. Sur une estrade au fond de la galerie se tenait la duchesse Mathilde ayant près d'elle sa fille Elgiva et sa nièce Judith. Plus bas, un essaim de jeunes suivantes paraissait avoir utilisé les dernières lueurs du jour en faveur d'un énorme ouvrage de broderie, tendu sur une suite de métiers placés à la file les uns des autres le long de la galerie, circonstance dont elle tirait évidemment son nom.

A quelque distance de sa mère se tenait le jeune Robert, le fils bien-aimé de Mathilde. Il promenait un regard distrait sur le groupe des brodeuses, répondant par monosyllabes aux observations pleines d'empressement et de vivacité que lui adressait sa cousine Judith, dont les traits flétris et l'air altier formaient un parfait contraste avec la physionomie ouverte et gracieuse du jeune prince. Ce dernier portait une longue robe traînante, telle que les seigneurs avaient alors coutume d'en revêtir dans l'intérieur de leurs demeures. Ce costume, un peu oriental, dissimulait entièrement la difformité qui plus tard lui fit donner le surnom de Courte-Heuse, terme que nos historiens modernes, se mettant au-dessus de la délicatesse anglaise, ont rendu par *courte-cuisse*.

A l'instant que nous avons choisi pour introduire le lecteur près de la duchesse Mathilde, ses yeux se portaient fréquemment et comme avec préoccupation vers la porte. Le duc Guillaume, au contraire, assis sur un siège très bas derrière les princesses et en partie caché par elles, affectait un air indifférent qui lui était peu habituel.— Bel oncle ! — lui disait Judith, se détournant enfin avec humeur du prince Robert, — on aura beau dire et beau faire, toute cette broderie ne sera jamais que l'histoire du saxon Harold.

Un faible coloris anima les traits pâles, mais ravissants de la princesse Elgiva.

—Il suffit de regarder, — continua Judith,— toute la toile que ma tante a apporté de Flandre y a déjà passé presque, sans qu'il soit question d'autre chose que de ces insulaires.

—Eh bien ! — répondit Guillaume avec calme

mais d'un ton dur, — on débrodera les Saxons et on mettra l'image de ma conquête en place.

Cette fois la princesse Elgiva pâlit, et la duchesse se hâta de dire : — On fera venir d'autre toile de Flandre, et on y mettra ce que Monseigneur voudra, sans défaire ce qui a coûté tant de travail et de peine. — La pauvre Elgiva jeta sur sa mère un regard plein de tristesse et de reconnaissance. Ce fut à cet instant que la porte du fond s'ouvrit, et que Marguerite d'Anscarise parut conduite par le sire de Beaumont.

Il eût été difficile de juger à cet instant des impressions de la duchesse Mathilde, car sa physionomie, belle encore et pleine de douceur et de dignité, laissait rarement échapper le secret de ses pensées. Néanmoins, on eut lieu de croire que l'attitude modeste avec laquelle la jeune d'Anscarise l'approcha, la faisait revenir de quelque prévention défavorable. La contemplant d'un air satisfait : — Ne craignez rien, ma belle jeune fille, dit-elle. Bien qu'il n'entre pas dans nos habitudes de favoriser les novices en fuite, notre protection ne vous fera pas défaut si vous la méritez, comme nous aimons à le croire.

—Madame, — répondit Marguerite très émue, mais avec une sorte de fierté qui paraissait seulement l'expression d'une conscience pure, — je la mérite, j'ose dire, à moins qu'un serment prononcé au chevet d'une mère mourante, ne doive céder devant la volonté.....—Je sais, interrompit la duchesse, — vos parents vous fiancèrent dans l'enfance au fils du mortel ennemi de Monseigneur.

La jeune fille se hâta d'observer, ainsi qu'elle l'avait fait à l'inconnu de la forêt, que ces querelles politiques étaient déjà si vieilles, quant à elle surtout, qu'il était impossible en bonne justice de lui en faire porter la peine. Elle achevait, quand ses regards se dirigèrent vers le duc Guillaume, qui doucement s'était levé de toute la hauteur de sa grande taille. A sa vue, Marguerite laissa échapper une exclamation.

—Ah ! vous voilà enfin, chevalier ! — s'écria-t-elle. Puis se reprenant tout-à-coup, en remarquant le riche costume dont le prince était revêtu, et plus encore peut-être le geste familier avec lequel il avait posé sa large main sur l'épaule délicate de la duchesse Mathilde :—Folle, que j'étais, de ne pas m'en être douté plus tôt ! Car de fait, ces cinq filles de mon âge à peu près dont Monseigneur daignait me parler [3].....

—Oui, mon enfant, — répartit Guillaume, de ce ton empreint de bonté autant que de noblesse qu'il savait si bien employer à l'occasion. —En vous voyant orpheline et contrainte au sujet d'un serment prononcé par vous dans une circonstance solennelle, en voyant surtout votre ferme confiance en notre justice, nous nous promîmes intérieurement qu'elle ne vous ferait pas défaut. Mon intention , — continua-t-il en s'adressant particulièrement à la duchesse, —était de l'amener ici, et de nous divertir tous de sa surprise, en reconnaissant au milieu de la cour, nos dignités et notre titre. Et puis, au cas où cela vous eût convenu, je voulais l'attacher à notre fille Elgiva, pensant qu'une jeune personne aussi obéissante à la volonté de parents depuis longtemps morts, ne saurait lui être que d'un bon exemple.

— Je vois, Monseigneur — répondit la duchesse Mathilde — que j'ai de grandes excuses à vous faire, d'être intervenue dans votre bonne œuvre. — Elle ajouta, d'une voix à n'être entendue que de Guillaume : — Et croyez-le, si je n'avais été parfaitement tranquille sur la tournure que pouvait prendre une telle explication, je me serais arrangée de manière à la rendre moins publique.

— Maintenant à votre tour, nièce Judith, — continua le duc, avec l'air rude et froid qui lui était le plus habituel; — vous avez surpris hier notre entretien, avec Roger de Beaumont, et l'avez rapporté, à ce qu'il me paraît. Que cela vous arrive encore, et les choses pourront bien se passer, de vous à moi, un peu moins tranquillement qu'aujourd'hui !

La princesse Judith, pinça ses lèvres fines, tandis que le jeune Robert lui lançait un coup d'œil à la fois joyeux et malin.

Guillaume se tourna vers un officier de service :

— Qu'on fasse entrer ce messager flamand, dont le sire de Beaumont me dit qu'il a fait la rencontre !

Et s'adressant de nouveau à la duchesse Mathilde, il ajouta :

— De toutes les affaires que nous avions à traiter en ce jour, l'arrivée d'un envoi du comte Baudoin n'est pas la moins importante, assurément.

VI

L'Enrôlement

On sait qu'au moment où une descente en Angleterre avait été résolue par Guillaume, il s'était empressé d'écrire à son beau-père, afin de lui demander son concours. Baudoin, frappé seulement de ce que cette expédition devait avoir de gigantesque, lui répondit par forme de raillerie, qu'avant de s'engager, il voulait savoir ce que le futur vainqueur lui réservait de sa conquête. Piqué du ton de ce refus, Guillaume fit passer en retour à son beau-père un parchemin scellé, revêtu de son sceau et sur l'enveloppe duquel un bel esprit de la cour avait tracé les mots suivants :

> Beau sire, en Angleterre, aurez,
> Ce que dedans vous trouverez.

Le comte croyant qu'il s'agissait d'une donation ouvrit précipitamment le paquet, et n'y trouva rien ; plaisanterie tout-à-fait dans le goût de l'époque, mais que le comte de Flandre avait néanmoins ressentie plus vivement qu'on ne devait s'y attendre, puisqu'il l'avait lui-même provoquée.

Dans de telles circonstances, un message de Baudoin devait exciter naturellement l'attente et une sorte d'inquiétude. Aussi, dès que le jeune Vital eut paru dans la galerie, il se fit un silence général. S'avançant vers l'estrade où se tenaient le duc et la duchesse avec plus de grâce et d'assurance qu'on n'était en droit d'en attendre d'un homme de sa position, il remit à Mathilde un écrit revêtu du sceau de son père.—Cette épître — dit-il — contient les paroles affectueuses que le noble Beaudoin s'estime heureux d'adresser à sa fille chérie; et du reste, moi Vital, son humble envoyé, j'ai charge de dire au vaillant duc de Normandie, qu'il trouvera à Saint-Valery au moment de son embarquement, six vaisseaux flamands duement équipés, que le comte Baudoin met à sa disposition.

Mathilde leva les yeux au ciel, contenant avec peine les larmes de joie qui menaçaient de les remplir, car un des traits distinctifs du caractère de cette princesse, était sa crainte extrême des différends, qui presque chaque jour semblaient devoir s'élever entre les esprits violents dont sa famille était en grande partie composée.

Quant à Guillaume, il exprima avec franchise la satisfaction que lui causait un message auquel il ne s'était probablement pas attendu. Le jeune envoyé ne jugea pas à propos de lui dire, qu'il ne le devait qu'au souvenir de Mathilde évoqué par le brave Hugues de Grantemesnil, au moment où s'abandonnant à sa colère, le comte Baudoin méditait une réponse des plus acerbes. Il se contenta de répondre : — Le comte, mon maître, sera charmé, Monseigneur, de vous voir dans de telles dispositions à son égard, attendu qu'il a une faveur à réclamer à son tour. Il s'agit d'un exilé, qui en voyant les succès toujours croissants dont il a plu à Dieu de bénir vos armes, déplore l'opposition où de funestes conseils l'entraînèrent au commencement de votre règne. Un mal inconnu consume le frère de votre père, Seigneur, et les médecins les plus habiles le regardent comme perdu si l'air de la patrie est dénié à sa vieillesse.

— Par la splendeur de Dieu ! — s'écria Guillaume, — notre beau-père vénéré aurait bien dû réclamer quelqu'autre preuve de notre bon vouloir envers lui ! Si le comte d'Arques n'eût fait que prendre les armes contre moi, pour les mettre bas après, comme tant d'autres qui s'estiment trop heureux de m'avoir à leur tête aujourd'hui, peut-être alors... Mais le comte m'a poussé à bout. Il est venu me braver jusque dans mon propre palais, sous un déguisement, se prenant de querelle avec mes officiers et faisant tant enfin, que j'ai juré par tout ce qu'il y a de plus sacré, que jamais les os de cet audacieux fils de Richard II, ne reposeraient en terre normande.

—Monseigneur—dit l'envoyé flamand—permettez qu'obéissant à mon ministère pacifique, je vous rappelle que cette tentative, qui a tourné contre son auteur, avait pour unique but de le réconcilier avec vous. Surpris dans ce palais, au milieu de son sommeil et sous son déguisement, le comte mit avec précipitation la main à son glaive et tua le malheureux dont il se croyait trahi. Cette méprise qui a tant excité votre courroux, aujourd'hui encore est l'objet de de ses regrets..... Mais je m'arrête — interrompit le jeune étranger en voyant l'orage qui s'amoncelait sur le front de Guillaume; —toutefois je m'acquitterais mal de mon message, si je négligeais de rappeler à votre seigneurie les droits que Henri d'Arques obtint autrefois sur la main de la fille du comte Baudoin.

—Droits, que Henri d'Arques, ce fidèle serviteur des Génois, fait réclamer par l'envoyé de Flandre ! — s'écria brusquement Guillaume.

—Henri d'Arques en combattant sur les galères génoises, espérait obtenir une expérience dont sa patrie eût profité un jour— répondit le Flamand d'un ton calme et ferme.—Quant au souvenir qu'il a désiré faire parvenir à la demoiselle d'Anscarise, il ne pouvait s'y prendre autrement, vu que le séjour de ce pays lui est interdit, et si j'ai moi-même failli, en nommant ainsi publiquement cette noble dame, j'en ai d'autant plus de regret que je suis déjà son obligé.

En achevant ces mots, il s'avança vers Marguerite qui avait suivi la dernière partie de son entretien avec une curiosité pleine d'émotion, et fléchissant le genoux il lui remit son écharpe.

—Qu'est-ce ceci ? — demanda la duchesse justement étonnée.

—Madame—répondit avec précipitation la jeune fille—en me rendant ici, sous la garde du sire de Beaumont, notre escorte a rencontré le père de ce jeune homme, qui gisait mourant. Une essence que j'avais l'a rendu au sentiment, et quand on a voulu pour plus de sûreté l'attacher sur son cheval, j'ai offert mon écharpe ; mais les hommes d'armes auront préféré une courroie, à ce qu'il paraît.

— Et ils ont bien fait ! — observa Guillaume

en riant. — Qui a jamais songé à consolider sur un cheval, un bon gros Flamand avec un pareil tissu ? — Moi — répondit Marguerite entrant dans l'humeur du prince par le besoin de se le concilier. — Encore enfant et me trouvant dans un bateau, il s'éleva un violent orage. Les mariniers s'écrièrent qu'il fallait abattre le grand mât, prenant aussitôt les ciseaux de ma mère, je me mis en devoir de le couper.

Le duc Guillaume se mit de nouveau à rire. — Ah ! pour le coup, ma petite protégée s'écria-t-il, ces d'Arques ne vous auront pas ! Je vous relève de votre promesse. Et quand l'Angleterre sera conquise, vous vous choisirez un mari parmi ceux qui auront le plus vaillamment combattu.

Un faible soupir échappa à la princesse Elgiva.

— Monseigneur — répondit Marguerite d'un ton respectueux mais positif — je puis vous obéir en renonçant à l'époux que me destinaient mes parents, mais je leur obéirai aussi en refusant ma main à tout autre.

— C'est ce qu'on ne saura que par la suite — répartit Guillaume souriant d'un air incrédule; puis se tournant vers l'envoyé flamand ; — Écoute.

ta naissance est humble, à ce que j'ai compris ; mais comme tu m'as l'air courageux et déterminé, laisse-là ton métier d'ambassade et viens en Angleterre avec moi. Pour peu que tu te conduises bravement, je te ferai chevalier, et ce que tu demanderas en outre, tu l'auras, fut-ce un titre, une seigneurie, un château ou une femme.—Et si je demandais une femme et un château?—Par la splendeur de Dieu ! tu les aurais, mais à une condition pourtant : c'est que si la récompense est double, double aussi sera ta besogne.

« *Et c'est ainsi*, ajoute le manuscrit où nous
« avons puisé nos renseignements, *que le mar-*
« *chand Vital, d'envoyé du comte de Flandre qu'il*
« *était, devint un des compagnons du duc Guil-*
« *laume de Normandie.* »

VII

Comment le prince Harold devint le sujet des Broderies

—

Il faut maintenant que le lecteur consente de nouveau à se représenter la galerie *des brodeuses ;* mais à la lueur fumante des torches a succédé l'éclat pur et brillant du jour. Sa lumière glissant sur les métiers dont il a été déjà question, prête encore plus de vivacité aux couleurs fortement tranchées des laines, qu'ont travaillé des mains industrieuses. Marguerite se tient debout, avec un air de vive curiosité, à côté de la princessse Elgiva. Ces préliminaires établis, nous allons rapporter l'entretien qui eut lieu quelques jours après l'installation de la demoiselle d'Anscarise au palais ducal.

— Asseyons-nous — disait la princesse, — mais avant de vous commencer l'explication de tous ces tableaux, répondez-moi, Marguerite, avez-vous entendu parler d'une de mes aïeules, la princesse Emma ?

— Celle que les Trouvères ont appelée *Fleur de Normandie ?*

— Elle-même. Je vois que vous êtes au courant de son histoire. Alors je vous rappellerai seulement qu'elle épousa Ethelred roi des Anglais, lequel, forcé de quitter son royaume à cause d'une terrible invasion des Danois, vint chercher un asile dans ce pays-ci auprès de son beau-frère Richard deuxième du nom. Il avait amené avec lui ses fils Edouard et Alfred. De là vint la grande amitié que la famille d'Ethelred a toujours témoigné aux Normands, quand elle fut remontée sur le trône.

— Cependant, continua la jeune princesse, le roi anglais était mort, et son fils Alfred avait été assassiné au milieu des guerres civiles. Edouard prit la couronne et continua la grande faveur que ses parents avaient témoigné à nos compatriotes. Or un jour il s'éleva une querelle dans la ville de Douvres, entre les Normands et les Anglais, qu'on appelle aussi Saxons, pour que vous sachiez. Il y eut des morts de part et d'autre; mais quand le roi Edouard l'apprit, il entra dans une terrible colère, et fit venir près de lui le comte Godwin, un puissant seigneur qui avait la ville de Douvres dans ses domaines.—Va, lui dit-il, pars sans délais, je veux que tu châties par une exécution militaire ces misérables qui ont fait outrage à mes amis!—Godwin observa au roi Edouard, qu'il serait injuste d'exercer une aveugle vengeance sur la ville entière, et qu'il fallait citer les magistrats devant les juges royaux avec les formes légales, afin de les obliger à rendre compte de la conduite qu'ils avaient tenue pendant l'émeute, ajoutant qu'au moyen d'une semblable enquête on pourrait du moins distinguer les innocents des coupables.

Le Roi, entendant ces paroles, tourna sa colère contre le comte Godwin. Animé par les Normands, dont il avait fait ses principaux conseillers, il fit rendre une sentence de bannissement, afin d'obliger le comte et son fils Harold, tous deux fort aimés du peuple, à quitter l'Angleterre. Mais les Saxons ne le voulurent pas souffrir; car ils sentaient que cette famille une fois hors du royaume, ils seraient entièrement à la merci des étrangers, favoris du roi. Cependant, malgré leurs efforts, le comte Godwin et ses enfants n'en furent pas moins exilés et tous leurs biens confisqués pour être donnés aux Normands.

— Ce fut dans de telles circonstances, — continua Elgiva, en se rapprochant de Marguerite, — ce fut dans de telles circonstances que mon père se décida à partir pour l'Angleterre, afin de visiter le roi Edouard, ainsi qu'il le lui avait promis au temps du séjour de ce prince en Normandie. Monseigneur fut frappé de voir que ses compatriotes étaient en quelque sorte maîtres de l'île. Je crois bien, — ajouta la princesse en baissant la voix, — que dès-lors mon père eut la pensée de devenir le roi des Anglais, à la place de cet Edouard, qui n'avait pas d'enfants et qui commençait à devenir malade.

—Mais,—interrompit Marguerite,—est-ce que le roi Edouard n'octroya pas alors sa succession à Monseigneur, par ce testament dont j'entends parler sans cesse depuis que je suis ici?

La princesse secoua la tête avec tristesse.—Je ne comprends rien aux affaires publiques, voyez-vous. Mais néanmoins il y a une chose à laquelle j'ai souvent pensé. Quand Monseigneur revint d'Angleterre, il montra tous les présents que lui avait fait le roi Edouard. Il y avait des armes magnifiques, des chevaux, des chiens, et puis des coupes d'or d'une forme particulière, ovales, un peu renflées au col, toutes chargées de figures en relief. Je vous les ferai voir, car ma mère les conserve dans son trésor. Mais,—ajouta-t-elle si bas, que ses paroles se distinguaient à peine,— mon père ne dit point alors un seul mot de ce testament.....

—Ainsi vous croyez!.... s'écria Marguerite d'un ton indigné, puis s'arrêtant tout-à-coup.

—Non, chère Marguerite, je ne veux rien croire de contraire à l'honneur de mon père; mais je suis bien malheureuse, je vous assure, et il n'y a, dans toute cette cour, pas une seule personne à laquelle j'ose ouvrir mon cœur. Ma mère est une sainte et noble femme, dont tout le bonheur consiste à sacrifier ses volontés à son devoir. Moi, je suis loin, hélas ! d'avoir son courage, et je voudrais trouver quelqu'un qui comprît ma faiblesse pour en avoir pitié.

— Mais les princesses vos sœurs et Madame Judith ? — demanda timidement Marguerite.

— Cécile a été mise toute jeune dans un cloître, les autres ont été éloignées de moi, peut-être même à dessein; car mon père ne souffre aucune opposition à ses volontés, et ma douleur le contrarie comme ferait un reproche. Quant à Judith, elle n'a jamais rien aimé. Si elle a pris l'habitude d'être quelquefois aimable pour mon frère Robert, c'est uniquement parce qu'il y avait autrefois ici une personne à laquelle cette sorte de préférence était pénible.

Il y eut un moment de silence. Elgiva s'était appuyée sur un des bras du siège où la fatigue l'avait contrainte à s'asseoir dès le commencement de l'entretien. Elle tenait son front penché dans une de ses mains. Marguerite n'osait lever les yeux vers elle, mais voyant tomber une larme sur la robe de la princesse, elle fit un effort pour l'arracher à sa pénible rêverie.

— Ainsi toutes ces broderies, madame.... — dit-elle. — Ne m'appelez pas ainsi, — interrompit vivement la fille de Guillaume. — Donne-moi quelque nom plus doux, quand nous serons seules du moins. Vois-tu Marguerite, j'ai senti dès l'abord ma confiance attirée vers toi, de sorte qu'à défaut d'amitié, il faudrait me donner ta compassion !

Par un mouvement irrésistible, Marguerite jeta ses bras au cou de la princesse et la tint une minute embrassée étroitement. Puis elle se recula et son gracieux visage exprima une naïve confusion.

— Ah ! Marguerite, pourquoi te troubler et rougir ? Tu ne saurais t'imaginer le bien que ma fait cette caresse. Mais il me faut reprendre mon récit, afin de pouvoir l'achever avant qu'on ne vienne nous interrompre.

Je t'avais dit, je crois, que le comte Godwin s'était retiré en Flandre. Les Saxons persécutés ne l'y laissèrent pas longtemps sans lui envoyer des messagers pour le supplier de se mettre à leur tête. Edouard et ses courtisans eurent peur. Ils firent offrir la paix de Dieu à Godwin, et celui-ci accepta. On se livra des ôtages. Du côté du comte ce furent son plus jeune fils Gurth et un de ses petits-enfants. Mais à peine Edouard les avait-il entre les mains, qu'il les envoyait ici à la garde de mon père pour plus de sûreté.

Cependant Harold revenu en Angleterre, et mettant le passé en oubli, rendit les plus importants services au roi, tant en le débarrassant des féroces Gallois qui envahissaient ses frontières, qu'en prévenant les révoltes que ses propres sujets saxons méditaient contre lui. Edouard, touché d'une telle conduite après tout le mal qu'il avait fait à la famille de Harold, le désigna publiquement pour son successeur, à la grande joie de son peuple, mais au mécontentement de ses favoris.

Harold n'était pas d'un caractère à vouloir être seul heureux. Quand il vit la brillante perspective qui s'ouvrait devant lui, sa première pensée fut pour la délivrance de son frère Gurth, alors retenu, comme je te l'ai dit, à la cour de mon père, car l'autre ôtage venait de mourir. Et maintenant je puis te raconter le reste en t'expliquant les broderies.

La jeune princesse se leva et Marguerite la suivit. Lorsqu'elles parvinrent au premier métier placé à l'entrée de la galerie, la fille de Mathilde s'arrêta, et les yeux fixés sur le groupe qui représente Harold s'embarquant pour la Normandie, elle demeura immobile, perdue dans une muette contemplation, la vivacité de ses souvenirs suppléant sans nul doute à l'insuffisance de la naïve ébauche.

Toutefois, il faut le dire, lorsque l'art en multipliant les objets de comparaison, rend exigeants même les moins habiles, il est certes aisé de relever les fautes et les incorrections qui ont marqué les premières tentatives. Mais peut-être les regards, mieux servis, laissent-ils à l'imagination moins de prise. On eût pu le croire, en voyant que, si l'incorrecte figure de Harold, tant répétée sur les broderies, évoquait une image chérie à la vue d'Elgiva, chez Marguerite le travail par lui-même excitait tous les transports de la plus vive admiration.

— Ce que je ne puis concevoir, — dit-elle lorsqu'un peu revenue de son émotion, la princesse lui eut expliqué le sujet des premiers compartiments formés par les broderies, — ce que je ne puis concevoir, c'est qu'une pareille invention vous soit jamais venue à l'idée.

— Ce n'est pas à moi, mais bien à ma mère que l'honneur en revient. Tu sauras que le prince Harold nous parlait souvent de l'industrie des nobles dames saxonnes, qui s'occupent dans l'intérieur de leurs maisons, à broder toute espèce de sujets dont elles ornent ensuite les monastères et les églises. Il nous citait souvent une toile suspendue dans la chapelle de Croyland, où se trouve représenté le siège d'une ville, dont les ennemis ne s'emparèrent qu'en y introduisant un cheval de bois, qui recelait plusieurs guerriers armés dans ses flancs. Harold tout enfant avait aimé à voir travailler sa sœur, la belle Edith, femme du roi Edouard, ce que j'avais omis de vous dire. Il pouvait donc nous expliquer, à peu près, comment il fallait nous y prendre. Or la duchesse, avait apporté un grand nombre de pièces de toile de Flandre. Elle les fit monter par des ouvriers très adroits; et sur la demande du prince Harold, on le prit lui-même pour sujet des broderies, car il était alors en grande faveur auprès de mes parents. La duchesse surtout le trouvait à la fois si doux et si fier, si confiant et si hardi, qu'elle le proposait sans cesse pour exemple à mes frères. De son côté, mon oncle Eudes, l'évêque de Bayeux, qui aime toutes les choses curieuses, nous fit promettre que ce travail ornerait un jour la cathédrale qu'on répare sous ses yeux.

—Mais permettez : dans ceci il y a une chose que je ne puis bien comprendre. Voilà le prince Harold, m'avez-vous dit, que le comte de Ponthieu, fait traîtreusement prisonnier, au moment où il débarque sur ses terres. Voici plus loin Monseigneur le duc qui le délivre.....

— Et c'était beau à lui ! — interrompit Elgiva comme heureuse de pouvoir rendre cette justice à son père.

— Le duc l'emmène avec lui, — continua la jeune d'Anscarise. — Mais voilà ensuite un messager qui vient prévenir Monseigneur de l'attentat du comte de Ponthieu; il me semble que cette broderie aurait dû être mise avant celle de la délivrance.

— Tu as raison dans un sens. Mais on avait omis d'abord cette circonstance, et quand on y a pensé, on ne pouvait plus la placer autrement qu'après, ce qui valait encore mieux que ne pas la mettre du tout.

— C'est vrai, répondit Marguerite, n'ayant rien à objecter à cette judicieuse observation.

— Une chose que je voudrais aussi savoir, demanda-t-elle encore, c'est pourquoi on a mis tous ces animaux si diversement occupés en manière de bordure?

— Au temps, où ma mère était encore en Flandre, il y eut un moine qui, pour lui faire plaisir, copia les plus belles pages d'un manuscrit précieux (⁴) appartenant à mon aïeul le comte Baudoin. Ce livre représente toute espèce d'animaux qui sont censés agir et parler comme des hommes. Il paraît que l'auteur avait imaginé ce moyen pour faire la satire des grands qui n'eussent point souffert autrement les vérités qu'il se plaisait à leur dire. Monseigneur Eudes goûte beaucoup cet ouvrage, et c'est lui qui a voulu qu'on en mît les principales choses ici.

Une fois délivré, — poursuivit Elgiva, — Harold fut conduit ici par ordre de mon père. Nous nous vîmes alors pour la première fois, Marguerite ! Une noble indignation contre le comte de Ponthieu animait le visage du prince ; puis aussitôt après une douce reconnaissance pour le procédé de mon père, et, vous le dirais-je ? une admiration si vive, si touchante chaque fois qu'il portait ses regards vers moi !.... Tous ces sentiments se succédaient sur son visage à mesure qu'il parlait, et il me faut te dire aussi que son accoutrement était bien plus gracieux que celui des hommes de notre pays. Ses cheveux blonds séparés par une raie, du front au sommet de la tête, flottaient en boucles courtes autour de son cou, et accompagnaient sa barbe qu'il ne rasait point, comme c'est l'usage ici. En outre, il portait une petite moustache sur la lèvre supérieure, ce qui frappait d'étonnement au premier abord ; mais ensuite on s'apercevait que cet arrangement donnait quelque chose de fier et de mâle à sa physionomie, du reste si douce et si agréable qu'on eût dit un visage de femme. J'étais près de ma mère au moment où il entra; et je ne sais si ce fut compassion pour un prince qu'on avait si indignement fait prisonnier, mais je me sentis rougir et trembler, et je crois que si je m'étais trouvée seule, je me serais prise à pleurer.

La jeune princesse s'arrêta évidemment émue par ses souvenirs. — On ne vous a point figurée présente à cette entrevue ? — hasard a Marguerite, désignant la broderie où cette circonstance était reproduite.

— Ma mère ne le jugea point à propos. Mais je crois, à vous dire vrai, que ma cousine Judith l'avait influencée en cela. A la suite de Harold se trouvait un noble chef Saxon, qui depuis l'a demandée en mariage; il s'appelle Walthéof, il est très pieux et très bon, mais Judith le déteste. Or elle a persuadé à ma mère de ne pas mettre de femmes présentes à l'entrevue, sans doute afin qu'il ne fût question ni d'elle ni de Walthéof. D'ailleurs on était pressé d'en venir au tableau de mes fiançailles, — ajouta-t-elle en soupirant.— Me voici, Marguerite, avec le clerc qui a dressé l'acte. Et penser pourtant qu'on m'a fait jurer que je prendrais le prince Harold pour époux, qu'on échangea nos anneaux, et qu'après que le ciel a reçu nos serments, on veut que cessant de tenir mes promesses, je ne voie plus qu'un ennemi de mon père dans Harold ! Non, cela est impossible, et vois-tu, chère Marguerite, je serais morte avant que ce changement ne puisse se faire en moi !

— Hélas ! calmez-vous, je vous en conjure ! — dit la jeune fille. — Et si cela ne renouvelle pas trop vos peines, dites-moi comment Monseigneur et le prince Harold sont arrivés à se brouiller ?

— D'abord ce fut la plus grande amitié entr'eux, ce n'était chaque jour que fêtes, joûtes, chasses et festins..... — Et la princesse Elgiva s'étendit avec complaisance sur cette époque si heureuse de sa vie, dont Marguerite avait déjà entendu parler, comme nous savons, à Darnetal. Les exploits de Harold, commentés par la princesse, passèrent ensuite sous leurs yeux tels que les représente encore l'antique broderie. D'abord sa conduite magnanime envers les soldats de Guillaume qu'il sauva d'une mort certaine en les disputant, pour ainsi dire, aux sables mouvants du Couesnon ; puis la capitulation de Dinan due à son courage, les honneurs de la chevalerie que lui conféra Guillaume en récompense de ses services, et enfin sa présentation à l'évêque de Bayeux, au retour de cette mémorable guerre de Bretagne.

— Ce qui va suivre, — poursuivit la princesse, — me devient de plus en plus pénible à vous raconter. Vous vous rappellerez ce que je vous ai dit de la grande faveur dont les Normands jouissaient à la cour du roi Edouard ? Eh bien ! mon père, sachant comme ils étaient détestés par les habitants du pays, parlait souvent à Harold des maux qui indubitablement fondraient sur eux lorsqu'à la mort du roi saxon le parti de Godwin et de ses fils viendrait à l'emporter, car Harold n'avait point caché ses espérances à mon père.

— Mais n'était-ce pas bien imprudent ?

— Harold ne pouvait soupçonner en rien les projets formés contre lui. Mais voyant mon père fermement établi dans ce beau pays de Normandie, conquis par ses ancêtres, il devait le croire satisfait de l'éclat dont est environné sa puissance. Comment penser en effet que l'Angle-

terre, déchirée par tant de troubles, où la plupart
de nos usages sont inconnus, pût lui faire envie?
Moi, c'était bien différent, vois-tu ! La simplicité
des mœurs saxonnes paraissait aller avec mon
caractère qui est naturellement timide. J'aimais à
entendre Harold me raconter l'existence retirée des
femmes de son pays, car leur retraite est payée
d'une estime qui est au fond bien plus véritable
que toutes les louanges qu'on nous donne ici.
Lorsqu'un Saxon a une faveur à réclamer, c'est
toujours à la reine qu'il s'adresse. Dans les parlements (5) de la nation, elle tient une place aussi
honorable que le roi et rien ne s'y décide à moins
qu'elle ne l'approuve. Les femmes, lorsqu'elles
possèdent en propre une certaine quantité de
terres, ont droit de siéger à ces assemblées, absolument comme les hommes. Dans les classes les
plus humbles, elles ne sont jamais chargées de
travaux pénibles, et les lois obligent les parents
à les laisser entièrement maîtresses de leur inclination quand il s'agit du mariage.

La princesse dit ces derniers mots, d'un ton
qui indiquait un triste retour sur elle-même. Elle
se tut un moment et ensuite reprit :

—Que te disais-je ? Marguerite. Ah ! je sais : tandis que je promettais à mon bien-aimé Harold d'être un jour la mère de son peuple, lui s'engageait de son côté près de mon père à sanctionner les droits des Normands, qui avaient acquis des possessions en Angleterre et surtout à les protéger contre les vengeances de ceux de son parti. Un jour qu'on avait longuement discuté toutes ces choses, mon père étant assis avec Harold et les principaux de sa cour autour d'une grande table recouverte d'un tapis. — Harold, dit tout-à-coup Monseigneur, je te requiers de confirmer par serment devant cette noble assistance, l'engagement que tu as pris de seconder tous mes projets sur l'Angleterre, et d'épouser ma fille Elgiva. — Ces dernières paroles confirmèrent le prince dans la pensée qu'il s'agissait seulement de ce qui était déjà convenu entre eux, et il s'engagea sans le moindre soupçon par tous les serments que lui dicta Monseigneur. Aussitôt l'assemblée s'écria : — Que Dieu lui soit ainsi en aide ! — Et le drap qui recouvrait la table prétendue fut levé, et le pauvre prince vit une immense quantité de saintes reliques. Harold frémit, se doutant bien alors qu'il y avait quelque stratagème. En effet, mon père lui dit d'un ton ferme, que son projet étant de revendiquer la couronne d'Angleterre pour son propre compte, d'après les paroles de son serment, il se trouvait, lui Harold, obligé de l'y aider.

—Cependant, —objecta la jeune d'Anscarise, cédant à un instinct de droiture naturelle, — il me semble que Dieu devait bien savoir comment le prince n'avait eu l'intention de promettre que ce qui avait été ouvertement convenu ?

— Ce fut aussi plus tard ma pensée et celle de Harold; mais mon oncle Eudes qui est si pieux et si savant, nous a dit que cela ne pouvait aller ainsi; le prince ayant juré sur les saintes reliques d'aider mon père dans tous ses projets, il était forcé, quels qu'ils fussent, de tenir sa promesse.—Elgiva, me dit Harold, le soir même de cette fatale journée, s'il ne fallait que renoncer au titre de roi, malgré tout le bonheur que je me promettais à vous faire asseoir avec moi sur mon trône, je pourrais encore, soutenu par votre tendresse, me trouver content au sein d'une condition privée. Mais il s'agit ici de mon pays et de ses plus chers intérêts que j'ai compromis par ma folle confiance..... — Et alors il s'abandonna au désespoir le plus cruel. — La princesse se tut à cet endroit et resta quelques instants plongée dans un silence pénible.

— Permettez, — s'empressa de dire Marguerite, voulant la détourner du sujet de sa rêverie, et l'y ramenant néanmoins, dominée qu'elle était par l'intérêt du récit : — je vois bien là le duc Guillaume et le prince devant lui, mais que veut dire cette façon d'autel ?

— Hélas ! — répondit Elgiva secouant la tête avec tristesse, — ma bonne mère a bien compris que ce fait ne saurait être à l'avantage de Monseigneur, et elle a mis deux grandes châsses de reliques, comme si le serment avait été sciemment prononcé. Judith et les autres ont achevé cette broderie, ou cette menterie, pour mieux dire; moi je n'y ai pas fait un point ! Quant à ce qui suit, c'est l'arrivée de Harold en Angleterre, où il parut bien triste, bien abattu, m'a-t-il été dit. En effet, sa position était cruelle : son amour pour moi, l'intérêt de son pays et son fatal serment, tout cela se combattait dans sa pensée ; et moi,

Marguerite, si tu savais ce que j'ai souffert, ce que je souffre encore!...

En achevant ces mots, elle cacha son visage dans ses mains, et la violence de ses sanglots, ainsi que le tremblement convulsif de ses membres causèrent une sorte d'effroi à sa compagne. Au nom du ciel, calmez-vous! — dit-elle. — Tu as raison; il ne faut pas qu'on me surprenne en larmes, mon père pourrait le savoir et il s'irriterait davantage encore; tandis que mon oncle Eudes m'a dit qu'avec de la patience et de la douceur on le ramènerait peut-être à quelqu'accommodement dont une des conditions serait mon mariage. A te dire vrai, je ne l'espère plus; néanmoins je vais essayer de dominer ma présente émotion.

Alors avec une vivacité qui ne lui était pas ordinaire, elle fut s'asseoir à quelques pas plus loin, devant celui des métiers où était représenté le couronnement de Harold. Par une sorte de sympathie, on avait laissé la princesse seule chargée de cette partie de la tapisserie, qui figure le héros Saxon revêtu des insignes de la royauté : pas décisif où l'entraîna l'amour des Anglais, au moment de la mort d'Edouard, et qui le rendit à jamais l'ennemi de son futur beau-père. Et pourtant cette scène avait un singulier attrait pour la malheureuse Elgiva ! Peut-être qu'élevée dans une crainte extrême de son père, elle ne pouvait s'empêcher, au fond du cœur, de trouver celui qui le bravait ainsi, digne d'admiration. Alors elle travaillait à ce curieux tableau avec une sorte de précipitation fébrile. L'aiguile entrait et ressortait si rapidement de la toile, qu'on avait peine à comprendre comment elle arrivait à former une suite de points convenables. Mais aussi toutes ses facultés étant absorbées par ce travail, exécuté avec une rapidité si extraordinaire, elle devenait incapable d'admettre une autre pensée. Marguerite la contemplait pleine d'un douloureux intérêt. Douée elle-même d'une grande énergie, que secondait une constitution excellente, ses propres épreuves l'avaient mise à même d'apprécier cette puissance de volonté, qui chez Elgiva triomphait d'une faiblesse physique, évidente à l'examen le moins attentif. Cette comparaison la conduisit à faire un retour sur sa première jeunesse passée dans l'obscurité, au milieu des privations. Son mariage avec le fils du comte d'Arques, lui avait toujours apparu comme le seul moyen de reconquérir son rang primitif. Mais en présence de la passion si profonde et si vraie d'Elgiva, elle se demandait si ses fiançailles, conclues au berceau, amèneraient un jour, pour elle aussi, cette réciprocité d'affection qu'on venait de lui peindre de couleurs si touchantes ? D'ailleurs la volonté du redoutable duc de Normandie, maître alors de sa destinée, ne lui avait-elle pas interdit tout espoir de cette union ? Et alors le vœu formel de ses parents, les engagements qu'elle avait pris au lit de mort d'une mère, tout lui défendait de jamais reporter sa pensée vers un autre....... Quand même à une noble naissance et à un mérite incontestable, il joindrait l'extérieur séduisant du jeune étranger Vital ?

Il nous est impossible de prévoir la direction qu'eût pris son monologue, une fois lancé sur cette pente scabreuse; mais heureusement pour nous et pour le lecteur peut-être, la porte principale s'ouvrit et la duchesse Mathilde parut, suivie de sa nièce Judith et de ses femmes.

VIII

La Cour de Flandre

En entrant, la princesse jeta un regard soucieux sur sa fille. Celle-ci s'était levée; mais après avoir fait une inclination respectueuse, elle avait repris sa première position, qui, la courbant sur son métier, dérobait ses traits aux spectateurs.

— Que regardez-vous là, mon enfant ?—

demanda la duchesse à Marguerite, rompant la première le silence.

—Je m'étonnais, Madame, de la disposition de plusieurs de ces tableaux. Voici, par exemple, l'enterrement du roi Edouard, et après vient sa mort qui évidemment a dû précéder la sépulture.

—Vous avez l'esprit subtil ! vraiment. Eh bien ! Le messager qui nous apporta d'abord la nouvelle de la mort du roi, l'avait apprise seulement des gens du commun, témoins de ses funérailles. On se mit de suite au travail d'après la description qu'il nous fit de la cérémonie. Plus tard, quand le sire du Bois-Rosé nous eut donné de meilleurs renseignements, et de grands détails sur les derniers moments du défunt, on répara l'omission qu'involontairement on avait faite. Mais ne vous sentez-vous pas le désir de broder comme nous, Marguerite ?

— Assurément je ne demanderais pas mieux ! Cependant si j'allais mal faire ?

—Ne craignez pas. Au nombre de toutes ces jeunes filles qui travaillent si bien maintenant, il en est plusieurs, moins intelligentes que vous ne paraissez l'être, et qui ont néanmoins réussi à merveille. Tenez ! regardez. Le contour noir, c'est moi qui le trace ou bien Judith qui est remplie d'invention. Les commençantes remplissent le corps des hommes et des chevaux comme ceci, voyez-vous. On pique l'aiguille tout droit avec la laine, et on la retire ensuite à une petite distance. Essayez... Vraiment, Marguerite, vous faites des merveilles, je vous l'avais bien dit.

— Mais madame, ces bandes si gentiment faites, qui ont la forme de toutes petites chaînes, mon point ne les fait pas !

— On les ajoute après, et je vous les apprendrai, quand vous aurez un peu plus d'exercice.

— En attendant, oserais-je demander à votre seigneurie ce que signifie cette sorte d'étoile figurée là-haut, et qui a une façon de longue queue?

— C'est une comète, — se hâta de répondre Judith, — et les savants astrologues qui ont approfondi les secrets de l'avenir, assurent que sa chevelure, car ce n'est point une queue, forme une verge destinée à battre l'Angleterre par un bras étranger.

— Vous êtes cruelle, Judith ! — fit à voix

basse, mais sévèrement la duchesse. A cet instant le sire de Beaumont parut suivi de Vital.

— Voici notre messager, gracieuse dame, — dit Roger en s'inclinant avec respect. — Je vous le laisse, car mon devoir m'appelle au conseil convoqué afin de statuer sur l'affaire de la régence que Monseigneur se propose d'établir durant son expédition. Il est inutile de dire à votre seigneurie combien de vœux s'unissent pour que cette charge tombe sur elle.

— Dites cet honneur, — répartit Mathilde, — mais notre bon frère, Monseigneur Eudes, y a des droits bien mieux établis que les miens.

— Je suis peu habile aux choses du gouvernement, madame, toutefois je partage l'avis des prudents, qui comptent plus sur la sagesse et la douceur de votre seigneurie, pour maintenir ici la paix, que sur le savoir du digne évêque, dont la vaillance d'ailleurs ne se soucierait guère de rester.

En achevant ces mots, Roger de Beaumont s'inclina de nouveau et sortit.

— Jeune homme, — dit Mathilde en s'adressant à Vital, — je vous ai fait venir, afin de vous demander quelques renseignements sur la cour de mon noble père, le comte Baudoin ; renseignements que ne donnent jamais les épîtres, quelqu'affectueuses, quelque détaillées qu'elles soient.

—Me voici aux ordres de votre seigneurie,— répondit Vital, en détachant ses regards de Marguerite, qu'il avait contemplée depuis son entrée dans la galerie, avec une admiration que justifiait sa gracieuse beauté, sinon les convenances. Pour échapper à l'embarras d'une attention si tenace, elle s'était détournée du côté d'Elgiva, sous prétexte de lui demander de la laine bleue. — Oh ! laisse-le te regarder, lui avait dit très bas la princesse. — C'est ainsi que me contemplait Harold, et, vois-tu, j'ai besoin que celui-ci t'aime !

Malgré l'affection pleine de pitié que lui inspirait la fiancée du prince saxon, tout l'orgueil du sang des d'Anscarise se révolta dans leur descendante. Se laisser aimer par cet audacieux vassal ! Et le regardant lui-même alors, avec un calme fier et tranquille, elle essaya de le faire rentrer dans les bornes de la modestie qui convenait à son rang inférieur ; mais en rencontrant ainsi, tout-à-coup, ce regard où se peignait alors un mélange de joie et de tendresse passionnée, Marguerite baissa le sien avec une émotion indéfinissable.

C'était à ce moment que Mathilde avait interpellé Vital.

— Ainsi, — continua la duchesse, — mon excellent père a bien voulu, par amitié pour moi, ne pas tenir compte des paroles un peu railleuses que lui avait adressées Monseigneur ?

— Le comte Baudoin les a d'abord fortement ressenties ; mais Hugues de Grantemesnil lui a dit : Seigneur, songez que les enfants de la duchesse de Normandie sont vos petits-fils, de sorte que le bien acquis par son époux deviendra comme vôtre, puisqu'il sera celui de votre lignée [7] ? Le comte demeura pensif et peu après me chargea du message que j'ai rempli.

La duchesse ne put réprimer un moment d'émotion. Une autre pensée la préoccupait aussi, on doit dire. Depuis qu'elle avait quitté son pays natal, Baudoin de Mons, son frère, qu'elle aimait beaucoup, bien qu'il fut impérieux de son naturel, Baudoin de Mons, disons-nous, s'était épris de l'altière Richilde, comtesse de Hainaut, veuve de Hartmann de Saxe, qui passait pour n'avoir pas toujours eu son libre arbitre avec elle. Se sentant probablement en mesure d'être plus heureux, ou peut-être entraîné par sa passion, le frère de Mathilde avait fait demander la main de la fière comtesse; mais celle-ci s'était plue à répondre par un refus peu gracieux. Aussitôt Baudoin de Mons se mettant à la tête d'une armée considérable envahit le Hainaut et vint assiéger Richilde dans sa capitale. Il fit si bien, qu'au bout d'un certain temps il put lui proposer l'alternative ou de l'épouser ou de mourir de faim. La comtesse choisit le premier parti et fit bien. Le pire qui pouvait lui arriver, c'était de mourir de chagrin, chance plus éloignée, et qu'elle aurait évidemment la consolation de partager avec son mari. Toutefois il n'en fut rien, et cette union passait pour n'être guère moins heureuse, que beaucoup de celles qui commencent moins belliqueusement. Or la duchesse Mathilde était toujours curieuse d'obtenir quelque nouveau détail, sur ce singulier ménage; mais habituée à une grande circonspection, elle se tourna vers les jeunes travailleuses :

— Elgiva et Judith, vous allez vous rendre près du père de ce bon jeune homme; car il vous sera utile de faire quelques observations sur le caractère de sa maladie qu'on dit peu commune.

— Ma tante, — répartit la princesse, — je préfère rester. Encore quelques points et j'aurais terminé ce tableau du prince saxon écoutant avec anxiété les nouvelles qu'on lui rapporte de Normandie.

— Faites votre volonté ! — lui dit sa tante évidemment contrariée, mais préférant sans doute imposer quelqu'entrave à sa curiosité plutôt que s'exposer aux commentaires de sa nièce, en se ménageant un entretien particulier, avec le messager Flamand, après ce qui s'était passé entre son mari et son père. Avec plus de discrétion que n'en mit la nièce de Guillaume, nous suivrons Elgiva, et si parmi nos lecteurs, il s'en trouvait quelques-uns désireux de connaître le degré précis du bonheur conjugal de Baudoin de Mons, nous nous permettrons de les renvoyer à la chronique de Flandre.

IX

Le Reliquaire

—

A cette époque, le château de Rouen était composé de trois principales parties, la cour intérieure, la cour extérieure et le donjon ou le château proprement dit. Cet édifice avait été bâti sur une élévation, et on y accédait par une suite de degrés. C'était là que résidait la famille ducale et les personnes immédiatement attachées à son service.

Le terrain assez vaste qui s'étendait autour s'appelait, cour intérieure ; un mur crénelé le séparait de l'autre cour dite basse ou extérieure. Cette dernière enceinte, la plus considérable des deux, était protégée au dehors par tout l'appareil de meurtrières, de parapets et de fossés en usage au onzième siècle. Les logements pour les officiers étaient construits le long du mur qui séparait les deux cours tandis que ceux affectés aux hôtes et aux pélerins avoisinaient les ouvrages extérieurs. La course était donc un peu longue, surtout pour la princesse Elgiva habituellement faible et souffrante. Elle la fit néanmoins avec tant d'animation, que Marguerite ne put s'empêcher d'en faire la remarque. — Ecoute ! répondit-elle à voix basse, c'est que j'ai un projet. Ce jeune Flamand m'a inspiré dès la première vue, un degré de confiance que je n'ai jamais ressenti pour aucun de ceux qui environnent mon père; or j'éprouvais depuis quelque temps le plus vif désir de faire passer à Harold le reliquaire que m'a donné le légat de notre saint Père le Pape, et je compte me servir à cet effet de Vital.

Marguerite, au lieu de répondre, se tourna d'un

air un peu impatient vers un de leurs compagnes et lui demanda si l'on avait appris quelle espèce de trafic faisaient ces marchands de Flandre.

— Ils font le commerce de toile, — lui fut-il répondu.—Et pourtant, — ajouta la jeune fille, — maître Wadard, qui a mis à couvert leur charriot, en a un peu écarté les planches, et il a vu qu'il était tout rempli de terre, ce qui lui a donné beaucoup à penser. Mais quand il a voulu faire son rapport, Messire de Beaumont est entré dans une violente colère, et il a traité le pauvre Wadard, de curieux et de brouillon. Il lui a juré que s'il tenait à sa peau, il devait bien se garder de souffler un mot de l'affaire. Aussi Wadard n'en a-t-il parlé à personne qu'à Mabile, et Mabile, s'est bien gardée de le redire à d'autres qu'à Gertrude et à moi qui lui avons fait serment de n'en jamais ouvrir la bouche.—Et voilà une promesse bien gardée ! —Observa Marguerite en riant.

— Oh ! cette fois-ci il n'y avait rien à craindre, car vous ne voudriez pas exposer le pauvre Wadard à la colère de sire Roger.

Ce fut en causant ainsi qu'on parvint au pied

d'une petite tourelle, où un étroit escalier conduisit Elgiva dans l'appartement occupé par le père de Vital. Le malade était alors assis près d'une fenêtre ouverte et contemplait avec tant d'attention quelques soldats normands occupés à lutter dans la cour extérieure, qu'il ne retourna même pas la tête au moment où les jeunes personnes entrèrent : — C'est bien cela ! — murmurait-il avec une sorte de ravissement.—Voilà bien cet air martial, cette incroyable adresse..... Ici, Marguerite s'avança : — Permettez ! bon vieillard, — dit-elle, — et elle ferma la fenêtre, car l'air un peu vif avait fait pâlir et frissonner Elgiva.

Le vieillard fit une légère inclination. Une des femmes la plus âgée du groupe, indiqua les titres des deux nobles visiteuses. Une expression de joie admirative, plus paternelle que respectueuse, anima les traits flétris de l'étranger.—En vérité ! — pensa Marguerite, l'outre-cuidance de ces marchands flamands, est sans bornes. En voici un qui reçoit une princesse et la fille d'un comte comme s'il s'agissait de deux bourgeoises seulement !

Mais il sembla que le malade avait deviné sa pensée. — Que vos seigneuries pardonnent ma familiarité, — dit-il — ce nom de d'Anscarise a a réveillé en moi une foule d'intéressants souvenirs, car je l'ai ouï prononcer souvent en Flandre par le comte d'Arques.

— Ce seigneur, qui a fait demander sa grâce? —interrompit la suivante privilégiée, déjà intervenue dans l'entretien.

—Sa grâce!... Mais en effet qu'importerait le terme, si celui de pardon avait pu exprimer une réconciliation entre le neveu et l'oncle, et cependant le duc Guillaume, s'y est refusé encore cette fois!

— Mon père, n'a eu que trop à souffrir de toutes ces révoltes! —Sans doute. Mais hélas! un jour peut-être, il saura ce que l'âge et l'expérience apportent de froideur aux folles rêveries de la jeunesse! Le remords du sang versé pour sa cause désormais perdue, son âge mûr privé de sympathie, son fils contraint d'errer sur des mers inconnues, au service d'une nation étrangère, voilà ce qui a porté le comte à faire un pas vers ce que Guillaume, appelle sa grâce à ce qu'il paraît!

— Ce n'est point à nous, mon honoré père,

qu'il convient de contrôler la conduite de ce prince dont vous recevez l'hospitalité, tandis que moi, il m'admet dans les rangs de ses armées victorieuses, interrompit le jeune Vital qui venait d'entrer. Il s'inclina ensuite profondément devant Elgiva et Marguerite.

—Ecoutez, Vital, — dit alors la princesse.— Ce n'est point, j'en suis certaine, la soif du sang, ni l'amour des richesses qui vous entraînent à cette conquête; mais bien le louable désir de vous faire un nom, afin de pouvoir aspirer après aux affections les plus douces. Vous êtes brave, tout en vous le dit, mais vous devez être humain, serviable et fidèle aussi. D'après ce que m'a dit mon oncle Eudes, aussitôt que l'armée aura fait son débarquement en Angleterre on entamera des pourparlers. Eh bien ! Vital, voici un reliquaire que je vous confie, et vous allez me jurer de faire tous vos efforts pour le remettre au roi Harold, en lui disant, — ajouta-t-elle plus bas, — que n'importe l'issue de cette guerre impie, il peut compter que jusqu'à la mort je lui garderai ma foi.

Vital avait fléchi le genou en recevant le précieux reliquaire. — Madame, — dit-il d'une voix émue, — le roi d'Angleterre aura ce gage sacré de votre affection, à moins qu'il ne s'en rende indigne.

—Ce qui ne saurait être; ainsi, mon bon Vital, merci; et maintenant, dites-moi, est-il une chose au monde que je puisse, en retour, faire pour votre bonheur ?

—Daignez, madame, ne pas me taxer d'ingratitude, si je dis que mon bonheur comme mon renom, je ne veux le devoir qu'à mes seuls efforts. Néanmoins votre bonté peut beaucoup pour moi, si elle daigne s'étendre sur mon père, lorsque je ne serai plus ici; surtout en venant quelquefois comme aujourd'hui le visiter, afin de l'entretenir des nouvelles de l'armée, qui vous parviendront plus sûrement qu'à personne.

La princesse le promit avec une effusion telle, que Marguerite, sans trop savoir pourquoi, se sentit le désir de contrarier l'évidente joie des deux marchands.

— N'est-il pas à craindre que la noble duchesse.... — Ma mère, — se hâta d'interrompre Elgiva, — m'accorde toute liberté en ce qui peut m'apporter des consolations, ainsi ne t'inquiète point.

— La fille du comte d'Anscarise, — dit le jeune Flamand avec une teinte légère de sarcasme, — la fille du comte d'Anscarise pense sans doute que s'intéresser à d'obscurs marchands, c'est déroger aux prérogatives de la naissance ?

— La fille du comte d'Anscarise, — répartit impatiemment Marguerite, — ne porte son intérêt que là où il convient.

En achevant ces mots, elle se dirigea vers la porte; mais forcée de se ranger pour laisser passer la princesse, elle se trouva tout à côté de Vital. Il lui dit, de façon, à ce qu'elle seule pût l'entendre : — L'obscur marchand se conduira de telle sorte, que la fille du comte d'Anscarise ne pourra lui refuser son intérêt.

— Le misérable ! — pensa Marguerite en se détournant avec indignation, mon intérêt !... Par l'âme de mon noble père, je ne veux seulement plus penser à lui !

Cette résolution était louable : malheureusement, comme il arrive quelquefois, Marguerite fit mal en voulant faire trop de bien. Elle se répéta si souvent les raisons qu'elle avait de ne pas penser à Vital, qu'insensiblement son souvenir devint sa pensée habituelle.

X

La Régente

—

Vers le onzième siècle déjà la rudesse des mœurs barbares s'était considérablement adoucie, et l'esprit de galanterie chevaleresque commençait à dominer en Europe. Ce fut sans doute à l'influence de semblables idées, que la duchesse Mathilde dut l'enthousiasme avec lequel la proclamation de sa régence fut accueillie après le conseil tenu à cet effet à Bonneville-sur-Touques. « Tout contribuait à faire agréer ce choix, observe un vieil auteur, interprète de l'opinion contemporaine; car la princesse était *belle,* sage, spirituelle, très propre aux affaires et généralement aimée. » — Esprits naïfs et essentiellement portés à l'admiration, que ceux dont il suffisait de charmer les yeux pour les rendre ensuite plus coulants en affaires !

Mais avant que Mathilde eût été appelée à exercer le pouvoir, **son mari le duc Guillaume** se trouva dans la nécessité **de déployer des moyens de séduction** d'une toute autre nature. Déjà les préparatifs de son expédition avaient absorbé des sommes immenses. Ses frères et les barons qui lui étaient le plus attachés, venaient d'engager leurs biens. Ce fut dans cette extrémité que l'Évêque de Bayeux proposa de former une assemblée des notables habitants du pays. L'histoire a conservé ses paroles : *Raison est que qui paie l'écot soit appelé à y consentir.*

On convoqua donc un parlement, formé *de gens de tous états,* dit encore la chronique de Normandie. Les notables craignaient, en accordant de nouveaux subsides, d'établir un précédent dont on pourrait abuser plus tard. Nous devons, dirent-ils, aider le duc à défendre sa terre; mais nous ne sommes pas tenus à l'aider à conquérir la terre d'autrui.

Guillaume ne répondit rien, et se contenta d'ajourner l'assemblée. Durant l'intervalle, il prit à part chacun des membres les plus influents. Aux gens d'église, il montra l'étendard qu'il avait reçu de la part du pape, avec un anneau contenant un propre cheveu de Saint-Pierre, puis il leur fit le tableau des immenses richesses possédées par le clergé saxon, et dont il comptait les gratifier après la conquête ; aux bourgeois, il promit de reconnaître par lettres scellées, que le secours concédé serait tout gratuit et n'engageait à rien pour l'avenir; quand il en vint aux députés des villes, il leur offrit d'assurer de nouvelles franchises à leurs municipalités; enfin, il s'y prit si bien, qu'au jour où l'assemblée fut de nouveau réunie, on vota par acclamation un secours beaucoup plus considérable, que celui dont il avait été question d'abord [8].

Les préparatifs avancèrent alors avec une activité nouvelle. Des chantiers furent couverts de navires en construction; les églises retentirent de cantiques. Les marteaux résonnèrent sur l'enclume; les lances furent plus que jamais choquées par manière d'exercice. Le conseil de Guillaume tint conférence sur conférence. Les étrangers affluèrent dans les hôtelleries, tandis que les marchands ambulants encombrèrent les rues, empressés qu'ils étaient de fournir au besoin général d'équipement; de toutes parts, enfin, régnaient l'agitation, le bruit, les cris et le tumulte.

Au milieu de ce mouvement universel, la duchesse Mathilde, seule, conservait l'apparence du calme. Levée de bonne heure, comme c'était la coutume alors, dans tous les rangs, elle consacrait une partie de la matinée, à prendre connaissance des affaires, dont le poids, durant l'absence de son mari, allait retomber sur elle. A neuf heures, la famille ducale se réunissait pour dîner. La duchesse présidait au repas qu'elle avait, dès la veille, réglé jusque dans ses moindres détails avec maître Wadard. A la sollicitude qu'elle mettait à ce que chacun fût servi suivant ses goûts, elle ajoutait celle plus pénible de maintenir le bon accord entre des esprits la plupart fort irascibles : déjà elle avait le chagrin de voir éclore le germe de ces dissensions, dont Guillaume et son fils Robert empoisonnèrent sa vie, si même elles ne l'abrégèrent pas, ainsi que plusieurs historiens le prétendent.

Mais, certes, celui qui l'eût surprise, l'après-midi, dans la galerie des brodeuses, environnnée d'ouvrières de tout âge et de toute condition, dirigeant son vaste atelier, tantôt encourageant par un mot de bonté, tantôt abrégeant au moyen d'un récit les longues heures, que le désir d'achever son œuvre favorite la portait à réclamer, celui-là eût difficilement soupçonné les soucis rongeurs, les graves préoccupations, qui tour-à-tour fatiguaient sa pensée.

Alors et par anticipation, elle était occupée à tracer la scène de l'embarquement des troupes normandes, tel qu'il devait avoir lieu à l'embouchure de la Dive. — Belle tante, — dit tout-à-coup la princesse Judith en interrompant son travail, — si on en croit les nouvelles qui circulent depuis ce matin au palais, nous allons avoir un tableau de plus à mettre dans notre histoire brodée.

— Et quel est ce grand évènement dont Monseigneur n'a pas jugé à propos de nous faire part après l'arrivée du dernier messager ?

— Probablement que mon oncle aura préféré se réserver le droit de l'apprendre lui-même à la personne la plus intéressée à la chose, — répondit Judith en regardant fixement sa cousine. — Puis elle ajouta : — on assure que le roi Harold vient d'épouser la fille du comte saxon Morkar.

Un sourire admirable d'incrédulité, passa sur le visage si candide et si beau d'Elgiva, et elle continua tranquillement son œuvre de patience.

Mais si le trait lancé par Judith, était retombé impuissant contre la confiance mise en la foi jurée, il avait, en passant, atteint le cœur maternel. Mathilde ne savait que trop le peu de compte que la politique tient des affections privées. — Marguerite, — dit-elle, — vous allez vous retirer avec la princesse Elgiva. — Puis s'adressant à celle-ci : — Votre père va venir, —

continua-t-elle;—vous avez été souffrante encore ce matin, et Monseigneur serait affecté en vous voyant si pâle.

Elgiva prit la main de sa mère et la baisa en disant : — Vous êtes, en vérité, la bonté même ! — Et elle se retira non sans jeter sur sa cousine un regard si calme, si doux, qu'il semblait exprimer le mépris que lui inspiraient les accusations dirigées contre son fiancé, en même temps que son pardon du chagrin qu'on avait essayé de lui faire.

XI

Départ de l'Armée

Le moment fixé pour le départ de l'armée était arrivé enfin, et l'armée nombreuse de Guillaume, en s'éloignant, laissait après elle bien des regrets, car c'est à peine si dans le palais ducal et la ville de Rouen, on eût trouvé une femme dont le père, le frère, le fils, le fiancé ou le mari, n'avait pas pris place dans les rangs des futurs vainqueurs de l'Angleterre.

Marguerite avait dû, le matin même, user de toute son éloquence, afin de soutenir le courage de la pauvre Mabile, d'autant plus affectée, qu'outre la douleur de voir partir son amant Wadard, elle avait eu la mortification de le trouver tellement absorbé par les approvisionnements, dont tout le soin reposait sur lui, qu'il n'avait répondu à ses paroles de tendresse et d'adieu, qu'en lui faisant le détail de tout ce qu'on emportait de bœufs, de moutons et de veaux, sans parler d'autres animaux, moins nobles encore.

En dépit de ses rancunes, Mabile était allée, avec la plus grande partie des femmes de la cour ducale, voir défiler toute cette immense armée, au moment où elle se mettait en marche pour se rendre à l'embouchure de la Dive. Marguerite seule était restée près de la princesse Elgiva qui ayant éprouvé le matin un redoublement de souffrance, reposait alors dans un état voisin du sommeil.

La porte de l'appartement était restée ouverte, car la malade s'étant plaint de la chaleur, Marguerite, dans la crainte de faire parvenir jusqu'à elle le bruit extérieur, s'était contentée de mettre la chambre à coucher en communication avec la galerie voisine. Tout-à-coup, à son extrémité, qu'elle avait en face d'elle, parut Vital. La retraite était impossible, et comme il eût été de la dernière inconvenance, de laisser pénétrer le jeune audacieux dans l'appartement, Marguerite s'avança bravement à sa rencontre.

L'air de la demoiselle d'Anscarise était froid, pour ne pas dire courroucé. Vital n'en parut ni chagrin ni surpris. —Pardon madame,—dit-il, — mais j'ai vainement cherché quelqu'un pour faire remettre à la princesse son précieux reliquaire, et pressé de partir, j'ai dû prendre moi-même ce soin.

—Au nom du ciel ! parlez plus bas. Mais cette sainte relique pourquoi la rendre ?

—Eh quoi ! Vous ne savez donc pas que le roi Harold s'est marié ?

—Je le savais, et la princesse aussi; mais ni elle ni moi ne pouvions le croire !...

L'intérêt que Marguerite portait à la malheureuse Elgiva lui fit oublier de garder son air grave; de sorte qu'à son insu, sa voix et ses traits prirent une expression pleine de douceur, de tendresse et de mélancolie. En l'entendant exprimer son incrédulité, on sentait que pour elle un semblable parjure eût été un acte impossible. Vital fixait sur elle des regards empreints d'un ravissement très étrange. Embarrassée, la jeune fille reprit : — Il faut faire ce que vous avez promis ; moi qui connaît l'âme de la princesse Elgiva, je suis certaine qu'au jour où la cruelle vérité lui apparaîtra, elle sera la première à souhaiter que ce pieux gage de son amour devienne celui du pardon.

—Noble et généreuse interprète de sa pensée! —s'écria Vital avec enthousiasme, et comme s'il eût craint de se trahir en ajoutant un mot de plus, il s'inclina et sortit brusquement de la galerie.

XII

La Conquête

———

Désirant amener une réconciliation entre Marguerite et sa parente, la duchesse Mathilde se rendit avec elle à l'abbaye de Préaux. Elles furent reçues *honorablement*, comme disent les vieilles chroniques, par l'assemblée des religieuses. Elles firent *oblation* de trois marcs d'or sur l'autel, se recommandant aux dévotes prières des pieuses nonnes. La Duchesse leur fit présent pour leur chapelle d'un riche tapis brodé de soie et de perles d'or. Ne dédaignant pas d'entrer dans les moindres détails, elle eut pour agréable qu'on fît réparer et agrandir le réfectoire du couvent de ses propres deniers.

La princesse Elgiva ne fut point de cette excursion. Depuis le moment où sa cousine lui avait révélé si inopinément l'inconstance de son fiancé, tous ceux qui l'entouraient semblaient s'être entendus pour éviter de prononcer devant elle le nom du roi Harold, et elle-même n'avait plus donné lieu à la moindre allusion à cet égard. Mais soit que l'incrédulité dont elle s'était pour ainsi dire armée d'abord, eût peu à peu fait place à la conviction, soit les progrès de quelque mal auquel ne prêtait que trop la faiblesse de son tempérament, le fait est que depuis lors elle était presque toujours restée couchée.

D'autre part, on venait d'apprendre que retardé par l'attente d'un vent favorable dans le port de Saint-Valery, Guillaume, après avoir mis à la voile le 22 septembre 1066, était heureusement débarqué à Pévensey, près de Hastings,

Guidée par les récits d'un des témoins de cette scène, Mathilde s'était empressée de la retracer; car elle savait combien son mari, son beau-frère l'évêque Eudes et la plupart de leurs compagnons attachaient de prix à ses broderies, gage, en quelque sorte, de leurs futurs exploits. On connaît ce tableau, si compliqué dans sa naïveté. L'armée descend sur le rivage, tandis qu'on aperçoit dans le lointain les navires à l'ancre ; pionniers, charpentiers, forgerons, débarquent pièce à pièce les moyens d'attaque et de défense. Le duc arrive le dernier. On se racontait avec admiration qu'au moment où il avait alors mis pied sur le sol anglais il était tombé. Un murmure s'élève. — Voilà un mauvais signe ! — s'écrie-t-on. — Quelle chose vous étonne ? — répond Guillaume, se relevant avec calme.—J'ai saisi cette terre de mes mains, et, par la splendeur de Dieu ! aussi loin qu'elle pût s'étendre, elle est à moi, elle est à vous !

Parfois un fait particulier, un souvenir pour ainsi dire local, venait sous les doigts plus exercés peut-être encore qu'habiles de la bonne Duchesse, rompre pour ses jeunes ouvrières, la monotonie du travail, par l'intérêt des sujets qu'elles étaient appelées à terminer. C'est ainsi que Mabile, la fidèle sœur de lait de Marguerite, avait pu contempler avec ravissement, maître Wadard surveillant la nombreuse troupe de cuisiniers, qu'on avait eu la précaution de faire embarquer sous ses ordres. Les fourneaux qu'on prépare, les volailles qu'on embroche, le feu qui flambe autour des chaudrons, rien ne fut omis dans ce chef-d'œuvre de simplicité, que ne pouvait se lasser de contempler la reconnaissante Mabile.

Bientôt on apprit la prise de Douvres, et la noble conduite de Vital, qui au moment où ses compagnons mettaient le feu aux édifices, sauvait les vieillards, les femmes et les enfants au péril de sa propre vie. On sut aussi qu'à sa prière, Guillaume avait dédommagé les habitants en leur accordant la somme nécessaire pour rebâtir leurs demeures. Mathilde n'eut garde d'omettre ce trait; mais par un sentiment un peu égoïste de tendresse conjugale, elle représenta l'incendie et la délivrance des malheureux habitants, sans nommer Vital dans l'inscription; de sorte que le mérite de cette action généreuse revenait en entier à son mari. Toutefois désirant réparer cette injustice, elle avait ensuite consacré une case entière au jeune écuyer, la renommée publiant de lui une autre action non moins intrépide, non moins belle. Envoyé à la découverte, il était tombé dans une embuscade. Mais poussé au désespoir par l'idée du danger que courait l'armée normande, il s'était battu avec une telle valeur, que ses nombreux assaillants avaient mordu la poussière, tandis que s'éloignant au galop de son cheval, il était venu, blessé en plusieurs endroits, donner l'alarme.

— Mignonne, avait dit la Duchesse à Marguerite, — c'est toi qui rempliras ce tableau.

— Autant lui qu'un autre, madame. Néanmoins si j'avais le choix, je préférerais la scène des casseroles : c'est plus réjouissant.

— Non, Marguerite. Tu ne dis pas vrai, car tu ne serais pas une d'Anscarise, si la valeur unie à l'humanité ne te touchait pas.

La jeune fille rougit de dépit. Elle avait du malheur. On eût trouvé tout naturel qu'elle s'intéressât vivement au courageux Vital; son indifférence au contraire, en excitant la surprise, donna lieu à quelques chuchottements. Mathilde sembla n'y point prendre garde. — A propos de cela, — continua-t-elle, s'adressant toujours à Marguerite, — tu vas aller avec Gertrude et Marie, visiter le bon vieillard, père de ce Vital. Il faut lui apprendre la belle conduite de son fils, et t'assurer que rien ne lui manque.

La duchesse Mathilde ne savait sans doute pas que depuis le départ du jeune Flamand, Marguerite allait tous les jours voir son vieux père. A la vérité la princesse Elgiva, s'étant engagée à de semblables visites, et se trouvant par sa maladie, dans l'impossibilité de remplir sa promesse, Marguerite pouvait se croire obligée de la remplacer à cet égard. Mais comme il n'avait jamais été question de passer de longues heures auprès du vieillard, ni de l'entourer de tous les soins d'une affection en quelque sorte filiale, il est probable que si la demoiselle d'Anscarise eût été fortement pressée sur un pareil sujet, elle se fût trouvée tant soit peu embarrassée.

Pourtant, afin de justifier la distraction cherchée par Marguerite, on eût pu observer que la cour ducale devenait plus triste de jour en jour.

Elgiva presque toujours souffrante, restait enfermée une grande partie du temps, seule, dans son oratoire ou dans sa chambre, tandis que la duchesse paraissait de plus en plus absorbée par les affaires d'état. Un matin (six semaines environ après le départ de l'armée), Marguerite était restée la dernière dans la galerie des brodeuses. Elle s'occupait du sujet que lui avait assigné la Duchesse; car après la petite scène rapportée plus haut, elle n'avait pas jugé à propos de continuer à refuser cette tâche. Livrée toute entière à son travail, peut-être aussi à quelque pensée très ardue, elle n'entendit pas qu'on venait d'entrer. Ce ne fut qu'au moment où ayant besoin d'un peloton, elle se détournait pour le prendre, qu'elle aperçut le nouvel arrivant. Ce n'était autre que Vital.

Marguerite fit un geste d'étonnement et poussa tout un énorme paquet de laine sur son travail. Mais quand on se presse, il est impossible de prendre exactement ses dimensions. On voyait encore le tiers à peu près du sujet et plus de la moitié de l'inscription : *Hic Willelm ; dux interrogat Vital si*....... Le reste était supérieurement caché par le paquet de laines.

Au reste, Marguerite eut lieu de croire que le jeune homme n'avait rien vu, car la saluant d'un air de profond respect, il lui apprit, sans aucun préambule, qu'ayant désiré obtenir une audience de la Duchesse, il avait été conduit, vu l'urgence des nouvelles qu'il apportait, dans une chapelle, où la noble dame était en prières. Malgré la sainteté du lieu, il lui avait dit : — Le duc Guillaume a triomphé. Il est maître de l'Angleterre, madame, car le roi Harold est mort !

—Mort ! Grand Dieu ! — répéta Marguerite.

Vital reprit : — La Duchesse s'est écriée : Sainte mère de Dieu ! Ici de cette même chapelle, je vous ferai faire une magnifique église, et *Notre-Dame-de-Bonne-Nouvelle* on la nommera.

— Je m'étonne, observa encore Marguerite, que la Duchesse ait laissé échapper ce transport, et appelé bonne une nouvelle qui fera verser bien des pleurs à sa fille.

—La Duchesse aura pensé qu'il lui serait moins cruel de pleurer son amant mort qu'infidèle, — répondit Vital ; et comme Mathilde entrait en ce moment, suivie d'une foule nombreuse, l'entretien se trouva interrompu.

Encouragé par un signe de la princesse, le jeune écuyer commença aussitôt son récit à peu près en ces termes :

« — Au moment où Monseigneur venait de débarquer à Pévensey, une armée considérable de Norwégiens était aussi accourue pour attaquer les Saxons. Une bataille sanglante avait eu lieu près d'Yorck. Le roi de Norwège était mort et les siens taillés en pièces ; mais cette victoire coûtait cher aux Anglais, et Harold était grièvement blessé. Cependant, malgré ses souffrances, il n'en continuait pas moins de rassembler autour de lui, tous ceux de sa nation, qui se trouvaient en état de prendre les armes; car on lui doit cette justice de dire qu'il a noblement mérité ces titres que lui donnaient les siens : de brave, de puissant, de destructeur de la tyrannie étrangère, et d'élu de la nation. On rapporte même qu'au moment où ses conseillers lui donnèrent avis de dévaster le pays, afin de nous affamer, il s'écria : — Par ma foi ! je ne détruirai pas le sol que j'ai charge de défendre.

« Néanmoins, la grand courage du roi Harold le rendait imprudent. — Mon frère, — lui dit le prince Gurth, ainsi que nous ont raconté les captifs, — tu ne peux nier que tu n'aies fait, soit de force, soit de gré, un serment sur des sainctuaires ; pourquoi te hasarder ayant un parjure contre toi ? Laisse-nous combattre ; nous qui n'avons rien juré, la guerre est de droit pour nous. Laisse-nous livrer sans toi la bataille ; si nous plions, tu nous aideras, si nous mourons tu nous vengeras. »

La duchesse et Marguerite, à cet instant, tournèrent la tête vers un des côtés de la galerie, où elles avaient cru entendre une plainte lugubre ; mais elles ne purent rien voir. Une foule compacte les entourait, avide d'entendre ce récit. Vital continua :

« Le roi Harold ne voulant point suivre les sages conseils qu'on lui donnait, livra la bataille sans même attendre les renforts promis par ses sujets des provinces éloignées.

« Le matin de cette mémorable journée, le quatorzième d'octobre, monseigneur l'Évêque de Bayeux célébra la messe. Il avait mis, pour officier, son rochet pardessus son armure ; puis la messe dite, il monta sur son cheval de bataille et rangea lui-même l'armée en ordre convenable. »

Un murmure d'approbation circula dans l'assistance, et le narrateur poursuivit :

« Quant à monseigneur le Duc, il portait à son cou les reliques sur lesquelles le roi Harold avait prêté serment. Devant lui marchait un soldat portant déployé l'étendard béni par notre saint père le Pape. Le vaillant Taillefer ayant poussé son destrier en avant de l'armée, entonna la chanson de Roland. A chaque strophe il lançait en l'air sa lance d'une main et la recevait aussitôt de l'autre par manière de jonglerie. Alors nous répétions tous en chœur : Dieu nous aide ! Dieu nous aide !

« On donna le signal. Le roi Harold était au premier rang de nos ennemis. Un moment nous crûmes qu'il allait avoir le dessus, car les nôtres cédaient du terrain, et comme monseigneur le Duc avait disparu, on criait de toutes parts qu'il était mort. Mais voilà que tout-à-coup, il reparait la tête découverte et se relevant d'un fossé où il venait de tomber pêle-mêle avec une foule d'autres. — Je vis encore ! — s'écria-t-il, — et avec la grâce de Dieu, je vaincrai les Saxons.

« Ayant rallié les siens et mis un autre casque sur sa tête, il tourna bride avec ses chevaliers après leur avoir brièvement expliqué son dessein. Les ennemis le voyant fuir, s'élancent à sa poursuite, en rompant l'ordre qu'ils avaient gardé jusqu'alors. Mais voilà qu'incontinent le Duc et ses compagnons font volte-face, tandis qu'un autre corps de Normands attaque l'armée saxonne en flanc. Harold veut regagner son camp retranché; mais les nôtres y pénètrent en même temps que lui.

« Alors on vit le combat recommencer plus acharné que jamais. Il dura jusqu'au soir, et Monseigneur eut son cheval tué sous lui. L'étendard saxon venait d'être arraché, et remplacé par celui de Rome. L'ennemi se débandait, et ici je dois dire encore que tous ces braves guerriers Anglais et même gens du menu peuple, avaient fait pour le pays tout ce qui était au pouvoir d'hommes. Le roi Harold, ainsi que ses frères Léofwin et Gurth, furent trouvés morts tous trois au pied de leur étendard. »

Au moment où l'envoyé de Guillaume achevait ces mots, on entendit un cri déchirant; la foule s'écarta et l'on vit la princesse Elgiva, étendue sur le pavé.

Plus tard on sut qu'attirée dans la galerie par le bruit qu'y occasionnait la présence de Vital chargé des nouvelles de l'armée, elle avait écouté son récit, cachée par un groupe de curieux, trop occupés alors pour prendre garde à elle.

On s'empressa de faire retirer la foule, et la princesse fut transportée dans son appartement. Dès qu'elle ouvrit les yeux, elle demanda Vital, et sur un signe de la Duchesse le jeune Flamand fut amené. Il s'approcha du lit de repos sur lequel Elgiva avait été placée dans son évanouissement, et sans proférer un seul mot, il déposa à portée de sa main le reliquaire dont elle l'avait chargé, comme on a vu précédemment.

Les larmes semblèrent venir aux yeux de la princesse; mais les refoulant, elle dit d'une voix dont la fermeté surprit les personnes présentes : Vital, mon père a-t-il permis que le roi Harold eût une sépulture telle qu'il convenait à un chrétien et à un prince si vaillant ?

— Madame, — répondit Vital d'un ton infiniment ému, les divers membres du clergé saxon que je pus rassembler se joignirent à ceux qui avaient déposé les restes du noble Harold sur un brancard. Nous demandâmes à Monseigneur qu'il fût permis aux prêtres de laver le corps et de le vêtir suivant les usages saxons, et Monseigneur y consentit volontiers. Alors un abbé mit son surplis sur la terre en l'étendant et le corps fut placé dessus. Puis on le porta à la sépulture qui lui était destinée. On l'érigea en face de la mer, sur la colline où le roi était si glorieusement tombé, car Monseigneur avait dit : — Il gardait la côte, qu'il la garde encore !

Alors Elgiva, touchant du doigt le reliquaire, demanda : — L'a-t-il reçu ?

Vital baissa les yeux. — Je vous comprends : les fureurs de cette guerre si promptement terminée....

La princesse Judith l'interrompit : — et mon oncle a-t-il tenu toutes les belles promesses qu'il avait faites à ses compagnons ? — Si bien, madame, que nos soldats se disent entr'eux : Les Bouviers normands feront souche d'hommes nobles en Angleterre. Ce qu'il y a de certain, c'est que Hugues le tailleur a été fait chevalier, maître Wadard, le chef des cuisiniers, a eu pour sa part un fief considérable ; Jacques, le charretier, est baron à l'heure qu'il est, tandis que Flambard, le valet de pied, ayant pris les ordres est devenu évêque. Il n'y a que le sire Guilbert, qui a refusé un riche comté, en disant qu'il avait accompagné Monseigneur par devoir et qu'il ne voulait rien acquérir par rapine, ayant suffisance de son bien, sans accepter celui d'autrui.

— Et vous avez dit comme le sire Guilbert ? — observa Judith aigrement.

Vital porta un regard affligé sur la princesse Elgiva, dont la Duchesse tenait une des mains. — Monseigneur, — répondit-il, — en guise de récompense pour le peu que j'ai fait, m'a donné une mission bien pénible à remplir et je ne sais vraiment si j'en aurai le courage. — Serait-ce moi que les ordres de mon père concernent ? Dans ce cas parlez sans crainte, mon bon Vital, car le plus cruel de ma vie est passé maintenant.

— Monseigneur, — dit le jeune homme avec effort, et n'osant envisager la princesse, — Monseigneur a promis votre main au roi Sanche-le-Fort, et m'a commandé de vous conduire en Espagne.

— J'irai, Vital, et vous ma mère ne pleurez pas; car voyez-vous, je n'ai plus au monde qu'un seul désir, c'est de contenter mon père qui est parti courroucé de douleur.

Elle resta un moment comme absorbée dans ses réflexions, puis elle ajouta : — D'ailleurs cette union qui me serait abominable, n'aura pas lieu. J'ai prié le Tout-Puissant de ne pas me conduire en Espagne, mais de me recevoir là-haut. Mes prières ont été entendues, car je mourrai dans la traversée, je le sens.

XIII

Pourquoi la Reine Mathilde interrompit sa Broderie.

—

Elgiva paraissait résignée et de fait elle l'était. Après les angoisses de l'incertitude, il arrive parfois qu'un malheur accompli apporte du calme. Elle avait demandé qu'on fît venir près d'elle sa nourrice Ansberge, dont il a été fait mention au commencement de ce récit, et qui aussitôt était accourue. Mais à la vue des changements que le chagrin et la maladie avaient opéré en si peu de temps chez l'enfant de son affection, la brave femme s'était effrayée. — Laissez-la dire, — observa la princesse à ceux qui essayaient de faire taire la nourrice; — ses exclamations soulagent son cœur affectionné, et du reste ne m'apprennent rien.

Cependant l'évêque Eudes avait fait savoir à la Duchesse qu'elle eût à se hâter au sujet de ses broderies, car l'époque du couronnement de Guillaume était fixée pour la fin de décembre, et le vainqueur désirait que ce monument de ses exploits ainsi que de la patience de son épouse bien-aimée, ornât l'église de Westminster, au jour de l'imposante cérémonie. Les travaux furent donc poussés avec une nouvelle ardeur, et déjà la Bataille de Hastings était presque terminée. On avait représenté Harold étendu comme mort. Un cavalier normand, la hache levée, s'apprêtait à frapper le cadavre insensible. Justement indigné de cette inutile barbarie, Guillaume, racontait-on, avait dégradé le soldat. Ce fait supprimé par Vital, lorsqu'il s'était vu contraint d'achever son récit devant Elgiva, la Duchesse n'avait eu garde de l'omettre, tout ce qui relevait le caractère de son mari étant toujours saisi par elle avec avidité.

Redoutant néanmoins l'impression que la vue de ce tableau ne manquerait pas de produire sur sa malheureuse fille, Mathilde avait fortement recommandé que, sous tous les prétextes possibles, on la tint éloignée de la galerie *des brodeuses*. Jusqu'alors ceci avait été de facile exécution, car la princesse se tenait toujours renfermée. Un matin pourtant Marguerite éprouva autant de contrariété que de surprise, en voyant Elgiva se diriger vers le vaste atelier. Dès qu'elle aperçut sa fille, la Duchesse s'avança à sa rencontre. — Laissez-moi, ma mère, — dit-elle d'un ton suppliant. — Laissez-moi, cette fois encore... J'ai du courage, je vous l'ai prouvé. Songez que pour moi, tout va bientôt finir, car mon sort est marqué, sans espoir et même sans désir de retour. Ces lieux où j'ai passé mon enfance, je ne les verrai plus !....

La pauvre mère n'osant insister, se contenta de suivre, dans une anxiété toujours croissante, la princesse qui, appuyée sur Marguerite, se livrait en silence à un examen presque minutieux de chaque tableau comme si elle eût voulu se rassasier une dernière fois de leur vue.

Cependant les forces physiques de la malade ne semblaient pas en rapport avec la tâche qu'elle s'était imposée. Sa démarche devenait de plus en plus pénible, et un tremblement convulsif l'agitait. Sa mère l'engagea une fois encore à se retirer; mais elle fit un geste de respectueux refus. Elle parvint ainsi jusqu'au dernier tableau. Sur un signe de Mathilde, on l'avait couvert; mais Elgiva poussée par un fatal instinct ôta le voile. Elle vit le cadavre du chef saxon revêtu des insignes de son rang, gisant sur le sol, et le guerrier normand sa hache levée. Une mortelle pâleur se répandit aussitôt sur ses traits, et elle fut prise d'un accès de toux déchirante, sorte de crise à laquelle depuis plusieurs mois elle était sujette. Elle porta son mouchoir à sa bouche, et pour la première fois, Mathilde s'aperçut qu'elle l'en retirait ensanglanté. — Ma fille! — s'écria-t-elle en la serrant dans ses bras, — mon enfant, Malheureuse! qu'ai-je fait? c'est moi qui l'ai tuée....

Puis, égarée par l'excès de sa douleur, la Duchesse saisit le métier où était représentée la fin tragique de Harold, et tenta de le briser. — Elgiva! ma fille! — répétait-elle avec désespoir, ce monument de mon orgueil, cause peut-être de ta mort, ne sera jamais achevé. Qu'on d'étende les toiles! je l'ordonne. Qu'on ôte ce spectacle de devant ses yeux. Qui sait, mon Dieu, si sa continuation ne lui serait pas funeste!

Toutes les personnes présentes, en proie à une vive émotion, s'empressèrent d'obéir, et en un clin-d'œil la vaste étendue des toiles brodées disparut des métiers [9].

—Merci! ma mère, — dit la princesse, redevenue calme à la vue de l'énergique douleur dont elle se voyait l'objet, — merci! car cette preuve évidente de votre tendresse pour moi me fait du bien. Et maintenant, si j'ose vous exprimer un vœu, que ces broderies restent à jamais inachevées; j'y ai travaillé sous ses yeux, et à cause de cela même, il me serait affreux de penser qu'elles pourraient servir de trophée contre lui, dans son propre pays qu'il n'a pu défendre au prix de tout son sang. Vous les donnerez à mon oncle Eudes, ajouta-t-elle, pour qu'il les suspende aux murs de sa cathédrale, comme il en avait d'abord le désir !....

Et la duchesse Mathilde fondant en larmes, s'engagea par serment à remplir toutes les intentions de sa fille.

Comme la mauvaise saison était arrivée (on venait d'entrer dans le mois de novembre 1066), la Duchesse eût désiré retarder le départ de la malheureuse Elgiva jusqu'au printemps de l'année suivante. Mais cette dernière s'y opposa formellement : — les ordres de mon père sont précis, — dit-elle, — et mon devoir est de m'y conformer.

Dans toute sa conduite, la princesse donnait du reste la preuve de cette pieuse résignation qui formait le trait distinctif de son caractère. Ainsi à la vue du riche trousseau, que dans sa sollicitude maternelle la Duchesse lui avait fait préparer, elle dit en s'adressant à ses femmes : — A quoi bon tant d'apprêts, quand un linceul eût suffi !

Les dames de Montgommery, de Bois-Rosé, ainsi que la châtelaine de Grantemesnil, s'offrirent pour accompagner la future reine de Castille ;

mais les refusant, elle ne voulut jamais consentir à emmener d'autres femmes que Marguerite et sa nourrice. — Vous serez toujours assez de monde pour me voir mourir, — dit-elle encore à part à la première.

La demoiselle d'Anscarise avait eu un moment la pensée de se faire suivre par sa sœur de lait; mais elle n'eut même pas lieu d'en faire la proposition, tant Mabile était absorbée par les préparatifs de son mariage. Maître Wadard possesseur d'un fief considérable, était en effet sur le point de l'épouser et comptait la conduire ensuite en Angleterre, où elle ne se proposait rien moins que de jouer le rôle de grande dame. — Et qui eût pensé, disait-elle dans son ravissement, que Wadard reviendrait sitôt m'épouser, lui qui au moment de me quitter n'avait l'imagination remplie que de ses bêtes?

Marguerite n'avait pu s'empêcher de sourire, malgré la tristesse des réflexions qui se pressaient alors en foule dans sa pensée; car la duchesse Mathilde venait précisément de la faire avertir qu'à l'issue du conseil elle aurait à lui parler, et quelques mots prononcés la veille ne mettaient que trop Marguerite sur la voie de cet entretien.

En effet les anxiétés de la mère d'Elgiva se trouvaient mêlées d'un remords qui en augmentait encore l'amertume. La scène de la galerie des brodeuses, en lui révélant toute la violence du chagrin de la princesse, la portait à regretter de n'avoir point insisté davantage sur le manque de foi de Harold. Mais au moment où elle allait devenir la femme d'un autre, n'était-il pas du devoir de sa mère de lui rappeler, ou peut-être même de lui apprendre combien le fiancé qu'elle pleurait s'était montré indigne de son affection, afin qu'indifférente désormais à son souvenir, elle pût commencer sans arrière-pensée, la vie nouvelle que la providence lui offrait en dédommagement?

Plusieurs fois, elle avait voulu entamer ce sujet délicat avec la jeune princesse ; mais en la voyant si pâle, si amaigrie, si souffrante, la crainte de lui causer une impression trop pénible, quoique salutaire, l'avait chaque fois arrêtée.

La Duchesse s'était donc décidée à recourir à Marguerite. L'esprit naturellement calme et le caractère résolu, de cette jeune fille, exerçait sur presque tous ceux qui l'entouraient une sorte d'ascendant. — Pour l'amour de Dieu, Madame, laissez-lui ses illusions, si toutefois, elle en conserve encore! — répondit-elle aux observations de Mathilde; puis elle ajouta : — Qu'importent les pensées, là où le devoir doit toujours régner.

— Il importe beaucoup, mon enfant; car les pensées contraires au devoir, quand elles sont trop caressées, le dominent à la longue.

Marguerite rougit; mais comme la Duchesse était préoccupée de ses propres impressions, elle n'y prit pas garde. Nous verrons plus tard quel fut le résultat de cet entretien.

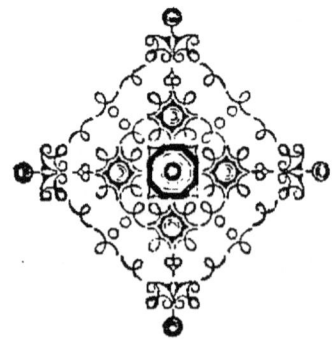

XIV

L'Étoile des Mers

—

A quelques jours de là, une foule considérable accourait dans le but d'admirer *l'Étoile des Mers*, ce beau navire, qui sous la conduite de Vital devait emmener la princesse en Espagne. Durant le passage de sa flotte, Guillaume avait découvert dans le Flamand des connaissances nautiques, égales pour le moins à celles des plus habiles pilotes des côtes normandes. Appréciant son courage, il l'avait créé chevalier sur le champ de bataille de Hastings, et enfin ayant eu occasion de reconnaître toutes les ressources de son esprit délié, il le chargeait de négocier un traité de commerce avec l'Espagne; jaloux qu'il était, d'assurer à ses nouveaux sujets des avantages semblables à ceux que leur avait procuré, trente-cinq ans auparavant, le roi Canut-le-Grand, en établissant des relations d'échange entre l'Angleterre et les contrées méridionales.

L'*Étoile des Mers* était le plus remarquable des vaisseaux composant la flotte de Guillaume. La Duchesse elle-même avait dans le temps présidé à sa construction. Elle sut donc gré à son mari de l'avoir choisi pour transporter leur fille en Espagne. Pourtant, lorsque la veille du départ elle fut le visiter, elle le vit à regret encombré, d'une foule de richesses, dépouilles des vaincus, dont le Conquérant n'était sans doute pas fâché d'éblouir les regards de Sanche-le-Fort, son futur gendre. Il y avait des miroirs d'une grandeur démesurée en argent massif, des candélabres du même métal, hauts de cinq pieds, des coupes, des écuelles de pur or. Puis des lits et des chaises en bois précieux incrusté d'ivoire, d'un travail vraiment remarquable. Mathilde fit enlever ces trophées, en donnant ordre toutefois de mettre soigneusement à part, tout ce qui était destiné à être offert en présent à la cour d'Espagne. Les meubles à l'usage d'Elgiva et de ses deux compagnes furent remplacé par d'autres de formes normandes, plus simples, plus raides, moins contournées que celles employées par les artistes saxons. —Elle aura tout le temps de s'accoutumer aux usages d'un autre peuple, —dit la Duchesse, voulant sans doute justifier ce changement dans l'opinion de ceux qui l'entouraient.— Faisons en sorte que ses yeux reposent le plus longtemps possible, sur les objets qui lui furent familiers dans la patrie.

— J'y avais songé Madame, — répondit Vital; et en effet, la promptitude avec laquelle se fit la substitution, prouva évidemment qu'on n'attendait qu'un ordre de Mathilde pour agir en conséquence.

Le lendemain l'*Étoile des Mers* se balançait au milieu de la Seine; sur le pont on distinguait

Vital, exerçant jusque dans les moindres préparatifs du départ une active surveillance. Une barque élégante attendait la princesse pour la transporter au navire. Elle parut enveloppée dans les plis du manteau que les femmes portaient alors, presque constamment attaché au collet de leur robe. Son bras était appuyé sur celui de la Duchesse; pâle comme un linceul, elle frissonnait sous l'impression d'une matinée glaciale et brumeuse; promenant autour d'elle un regard triste, mais résigné, on eût dit que la jeune exilée cherchait la patrie absente déjà, pour lui dire un éternel adieu.

Au moment où l'on s'apprêtait à la faire descendre dans la barque, son courage parut faiblir; mais se remettant aussitôt : — Ma mère, dit-elle, — je vous remercie une fois encore de cette dernière preuve de votre affection. Si dans le cours de ma vie, il m'est arrivé de ne pas y répondre comme j'aurais dû, veuillez me pardonner. — Elle nomma ensuite son père, ses sœurs, ses frères et regretta de n'avoir aucun d'eux près d'elle au moment du départ. La Duchesse suffoquée par les larmes, croisa les mains sur la tête de son enfant et leva les yeux vers le ciel, incapable de trouver une parole. La princesse saisit ce regard : — Oui, ma mère, c'est là que nous nous reverrons ! — Et se détournant brusquement, elle se dirigea vers la barque.

Mais tout à coup se retournant vers la princesse Judith, qui assistait à cette scène avec sa froideur habituelle, elle lui tendit la main et l'embrassa.

On venait d'entraîner la Duchesse. Ses femmes se virent presqu'obligées de la porter jusqu'à une chapelle voisine, où elle avait demandé à être conduite. — Pauvre dame! pauvre mère! — dirent en la voyant passer quelques femmes groupées sur le quai, où la curiosité les avait attirées. — Et pauvre jeune fille surtout! — ajouta la voix rude d'un marinier ; — car c'est pitié vraiment de la voir partir quand l'époque de la navigation est passée.

— La Duchesse en a bien du regret, — reprit une des femmes; — mais notre duc Guilaume a hâte de voir sa fille reine, à présent que lui-même va être couronné roi.

— Sans compter que celui d'Espagne, — observa un bourgeois d'un air entendu, — a fait savoir que si on ne lui envoyait pas la princesse sur-le-champ, il ferait fermer toutes les portes de ses villes aux nôtres, et alors adieu aux pèlerinages de Saint-Jacques-de-Compostelle ! ce qui serait assurément un grand malheur ; car de tous les saints du paradis, c'est encore celui qui fait le plus de miracles !....

L'*Étoile des Mers* était sur le point de mettre à la voile lorsque le vénérable Guy d'Amiens se présenta sur le tillac, venant, suivant la coutume d'alors, bénir l'équipage et les passagers au moment du départ. Les mariniers se rangèrent à son approche, et Marguerite par l'effet de ce mouvement se vit séparée de la princesse et comme repoussée derrière un amas de voiles et de divers agrès. De l'autre côté de cet obstacle se trouvaient deux individus, qu'à la voix elle reconnut pour être Roger de Beaumont et le vieux Vital.

— Vous faites une folie ! — disait le chevalier au malade.

— Danger pour danger, je préfère celui que je partage avec mon fils.

— Il n'y en avait aucun à rester.

— Cela se peut; mais la vie que je menais dans ce palais m'était insupportable.

Puis le vieillard ajouta d'un ton de plaisanterie familière que Marguerite ne sut comment s'expliquer :

— Vous veillerez sur mon dépôt. Foi de chevalier, j'y compte.

Roger de Beaumont partit d'un éclat de rire.— Le fameux charriot? Avant que je sois plus vieux d'un jour, il sera renfermé dans le propre caveau sépulcral de mes ancêtres.

Et la jeune fille ne put rien entendre de plus, attendu qu'on l'appelait au nom de la princesse.

Elle se rendit aussitôt dans la chambre où Elgiva était descendue avec sa nourrice. Guy d'Amiens parut au même instant.

— Mon enfant, — dit-il à la fille de Guillaume d'un ton d'autorité paternelle, — votre noble mère m'a chargé de vous rappeler à ce moment suprême du départ, que vous allez avoir d'importants devoirs à remplir, et que vous ne pouvez y donner votre âme toute entière qu'en bannissant les souvenirs trop chers du passé. Le prince auquel vous fûtes autrefois fiancée s'étant engagé dans d'autres liens.....

— Laissons en paix les morts ! — interrompit la princesse, — et veuillez dire à Madame ma mère, que je la supplie de n'avoir ni trouble, ni inquiétude à mon sujet. Le Tout-Puissant a eu égard à mes prières, et mes devoirs dorénavant ne me seront point difficiles à remplir.

Quand le prélat se fut retiré : — j'ai douté un moment de l'infidélité de Harold, — dit-elle à Marguerite. — Mais bientôt la vérité m'est apparue tout entière. Néanmoins j'ai feint de persister dans ma croyance, parce qu'alors personne n'a osé blâmer le roi Harold devant moi, et si je le faisais dans mon cœur, il m'eût été odieux de l'entendre de la bouche des autres !

Et tandis qu'elle épanchait ainsi le secret de ses pensées dans l'âme de sa compagne dévouée, le navire gagnait la pleine mer en fendant les vagues, et semblait obéir à la voix de Vital, qui se multipliant, était à la fois le chef de l'expédition et le pilote du vaisseau. Elevé au milieu d'une nation industrieuse qui de temps immémorial s'était adonnée d'abord à la piraterie, ensuite au commerce, il n'était pas étonnant que le jeune étranger eût les connaissances nécessaires à sa double charge. Mais en dépit de son zèle et de ses talents, le voyage n'en était pas moins aussi périlleux que triste. En voyant le frêle navire qu'il commandait, perdu au milieu de l'immensité des flots, dominé par de sombres masses de nuages, l'homme le plus intrépide eût involontairement frémi. Parfois une lame immense, s'ouvrait comme une gueule béante pour engloutir l'*Étoile des Mers*. Alors par un mouvement habile du gouvernail, on évitait le choc, mais la mort n'en planait pas moins, avide de saisir l'occasion de la moindre négligence.

Et pourtant, ce n'était ni l'incurie des marins, ni les dangers de l'abîme, ni même les horreurs de la tempête, qui devaient lui procurer une proie; c'était la douleur, de tous les fléaux parfois le plus implacable!

Attentive aux exhortations d'un prêtre vénérable, la princesse Elgiva s'éteignait dans une agonie lente, mais douce. En voyant la profonde atonie de cette jeune et belle créature, le vieil ecclésiastique se prenait parfois à lui peindre les splendeurs d'un hymen royal, les joies brillantes et le luxe des cours, puis les jouissances si pures de la maternité; mais la mourante triomphait de ces consolations, dont au reste l'homme de Dieu sentait, le premier, le néant. Certes, c'eût été un curieux spectacle, pour un observateur, d'entendre le vieux prêtre ascétique parler des pompes de la vie, à cette jeune fille du Conquérant qui, en réponse, exprimait leur vide.

Par moments elle s'efforçait de relever le courage de l'assistance. Attirant dans ses bras sa nourrice, elle lui désignait Marguerite : — Elle me remplacera près de toi, — disait-elle. Puis elle ajoutait : — Quand je serai morte, vous conserverez mon corps, et vous le rapporterez en Normandie, afin de le déposer dans le chœur de la cathédrale de Bayeux, que mon oncle a si splendidement réparée. N'oubliez pas, non plus, les broderies auxquelles nous avons travaillé, toi et moi, Marguerite, sous les yeux de ma mère! Hélas! je les commençais le cœur si rempli d'espérances! Priez mon oncle d'en orner les murs de son église les jours de grandes solennité, et qu'il n'oublie jamais l'anniversaire de ma mort dans ses prières.

A la suite de semblables recommandations, le délire parfois la prenait, mais sans aucun caractère effrayant. Il se marquait presque toujours par des chants, la plupart saxons, les mêmes que Harold s'était plu à lui enseigner au temps de leurs fiançailles.

Enfin le dix décembre, par une belle matinée, telle qu'on en voit fréquemment, même à une pareille époque de l'année dans les contrées méridionales, tout-à-coup le cri : Terre ! se fit entendre du grand mât. — Les côtes d'Espagne ! — répéta-t-on de toutes parts sur le vaisseau et jusque dans la chambre de la malade, mais avec un accent contenu. — Les côtes d'Espagne ! dit à son tour Elgiva, en laissant échapper un faible soupir. La vie venait de s'éteindre chez elle dans cette parole.

XV

La Mère du Roi Sanche

—

Ferdinand Ier, en mourant, avait partagé ses états entre ses nombreux enfants. A Sanche l'aîné il s'était contenté de donner la Castille. On appelait ce prince *le Fort*, à cause de sa valeur, qu'augmentait sans doute encore le sentiment d'une force physique peu commune.

Or, disent les chroniques, le roi Sanche pensait que son père avait commis une grande injustice en donnant une portion de ses états à chacun de ses fils et même à ses filles Uraque et Elvire. Sans cesse préoccupé, du désir ardent, de rétablir en sa personne l'unité du royaume, ce prince ambitieux n'était retenu que par sa mère, la reine Dona Sancha, et, sans elle, il est présumable que dès le commencement de son règne il eût déclaré la guerre à ceux qu'il ne regardait plus que comme ses rivaux. Ce qu'il y a de certain, c'est qu'aussitôt après la mort de cette princesse, il entreprit la conquête des états légués à ses frères par Ferdinand.

Mais alors l'ambition qui le tourmentait l'avait porté à rechercher l'alliance des Normands déjà célèbres dans toute l'Europe. Si le roi Sanche, lui, n'avait en vue que de s'assurer l'appui du plus puissant de ces fameux aventuriers, sa mère s'était flattée de voir son caractère s'adoucir par son union avec une jeune princesse, dont les pèlerins, qui fréquemment venaient de Normandie en Espagne, vantaient les candides vertu saussi bien que la beauté.

Dona Sancha venait donc d'entraîner son fils

à Santarem, où le vaisseau qui portait la princesse Elgiva était attendu de jour en jour. Partagée entre les craintes que lui causaient les passions violentes du roi Sanche, et l'espoir qu'elle plaçait dans le doux empire d'un premier amour, elle errait sur le rivage entourée de ses femmes. Sa longue robe noire, les voiles qui, en partie, cachant une taille majestueuse, laissaient à découvert des traits où les années, peut-être plus encore l'inquiétude, avaient creusé leurs rides, tout en elle contrastait avec cet air d'attente, plein de vivacité, révélé par l'agitation de sa démarche. Hélas! l'expérience passe en vain sur le front d'une mère, désabusée de tout pour elle-même; son cœur garde encore les illusions de la jeunesse, quand il s'agit de ses enfants!

Bientôt une voile fut signalée dans le port de Santarem. Dona Sancha put apercevoir à l'horizon un point à peine visible. La blanche nef grandit, se dessina, et enfin l'*Étoile des Mers* apparut dans toute la simplicité de sa construction, mais aussi dans tout l'éclat de ses dorures.

Le roi Sanche, environné d'une foule nombreuse, vint se joindre à sa mère; car la nouvelle de l'arrivée du vaisseau normand s'était promptement répandue. On s'était attendu à des cris joyeux, des acclamations, un air de fête enfin, et lorsqu'on vit, au moment où le navire toucha le môle, son équipage morne, silencieux, et celui qui en paraissait le chef, immobile et dans une attitude de profonde tristesse, les cœurs se glacèrent en proie à un funeste pressentiment. Alors un brancard fut descendu avec précaution sur la rive. Il était couvert d'un drap blanc orné de rubans et de perles. Un vieux prêtre et deux femmes éplorées accompagnaient le cortège formé par des mariniers. Un jeune homme, c'était Vital, marchait en tête. S'arrêtant devant le roi et sa mère, il leva le voile et découvrit le corps inanimé d'Elgiva. Ses bras étaient, suivant l'usage, croisés sur sa poitrine, retenant un crucifix. Ses traits avaient conservé ce charme d'innocence et de pureté, qui lui attiraient tant de cœurs durant sa courte vie.

— Seigneur, — dit Vital en s'inclinant, — voici la fille du duc Guillaume, mon maître, le vainqueur et bientôt le roi des Anglais. Il vous l'envoyait, suivant la promesse qu'il vous en avait faite; mais Dieu en a décidé autrement : elle est morte durant la traversée.

— Nous ne pouvons rien contre la volonté de Dieu ! — répondit Sanche-le-Fort, tandis que sa mère, en livrée à une vive émotion, tombait agenouillée près du brancard funèbre.

— Comme envoyé du prince Guillaume, duc de Normandie, bientôt roi des Anglais, — poursuivit le jeune Flamand, j'ose espérer que le bon vouloir dont il a fait preuve, en vous envoyant sa fille chérie, lui sera compté dans le traité qu'il désire conclure avec l'Espagne.

— Le duc Guillaume sera assez à plaindre quand il apprendra la mort d'une si charmante princesse, — répondit le roi avec un air de gravité triste, — sans que j'ajoute encore à son déplaisir en lui refusant ce qu'il demande. Tout sera conclu et juré, comme si le ciel n'eût point brisé d'avance le lien qui devait nous unir.

Dona Sancha s'était relevée. — Et le corps de cette vierge, — dit-elle, — recevra la même sépulture que si elle eût été l'épouse du roi.

— Madame, — répondit Vital, — la duchesse

Mathilde connaîtra vos nobles intentions, et son cœur maternel vous en saura gré; mais son infortunée fille en mourant nous recommanda de rapporter son corps dans la terre natale.

— Qu'il soit fait, comme elle l'a voulu! — s'écria le roi, dont l'œil attristé ne se détachait pas du doux visage de la morte.

Et la reine ajouta : — Nous vous enverrons un médecin arabe converti à notre sainte croyance. Il connaît des secrets qui préservent les corps de la dissolution. Il les emploiera pour conserver celui de cette vierge à sa mère, afin qu'elle puisse du moins la revoir avant qu'on ne l'enferme dans la tombe.

Se penchant alors sur le blanc linceul, la reine baisa le front de la jeune fille, et la foule émue, s'agenouillant, entonna un cantique des morts, pieux hommage, le seul que la fiancée de Harold, eut lieu de recevoir du peuple, sur lequel les intérêts de la politique avaient voulu la contraindre à régner.

Peu de jours après la scène que nous avons essayé de décrire, l'*Etoile des Mers*, cinglait de nouveau vers la Normandie; mais retardée par des vents contraires, la traversée était longue et pénible. On avait transformé la chambre jadis occupée par la princesse Elgiva, en une espèce de chapelle, et les longues heures que Marguerite y passait ajoutait encore pour elle à la tristesse du voyage.

Enveloppée dans sa mante, un soir par un beau clair de lune, Marguerite s'appuya contre le bord du navire pour contempler le jeu de la lumière et des ombres, ou plutôt afin de se livrer sans contrainte à ses réflexions. Jusqu'alors les circonstances où elle s'était trouvée, avaient soutenu son courage, par une sorte de fiévreuse agitation; mais désormais abandonnée à elle-même, n'allait-elle pas retomber dans un complet isolement? — Encore quelques jours de traversée, se disait-elle, et tout sera fini. Quel être s'intéressera dorénavant à moi ? A quelle chose me prendrai-je d'affection dans la vie ? Ici encore, malgré l'ennui de ce trajet monotone, j'ai ce vieillard, cet être infirme auquel mes soins sont utiles et dont le regard me suit en retour avec une expression de si vive tendresse. Son fils est chevalier maintenant..... Mais n'importe !

le sang qui coule dans ses veines n'en est pas moins vil, et je n'en suis pas moins liée par la plus sainte de toutes les promesses!.... — Et Marguerite cachait son visage dans ses mains, honteuse des pensées qu'elle s'avouait à peine.

— Vous souffrez? — dit alors près d'elle la voix de Vital. — Non ; j'admirais la manière dont la lune se joue sur les flots. Voyez ! les vagues viennent tour-à-tour briller dans ce rayon qu'elle trace; puis après un court moment d'éclat, elles vont se confondre dans le sein d'une profonde obscurité. N'en est-il pas de même de la vie, après tout ? Qu'elle soit éclairée des rayons du bonheur, ou assombrie par la tristesse, ne faut-il pas toujours en venir à un résultat pareil?

—Et pourtant Marguerite, n'aimeriez-vous pas, dites, être cette vague lumineuse, brillant comme un astre consolateur, plutôt que celle dont aucun voyageur n'a béni la trace? — Puis avec toute l'éloquence que donne la passion à vingt-deux ans, Vital peignit cet amour né chez lui de leur première rencontre, et accru encore par ses rigueurs. Il lui mit ensuite sous les yeux le tableau de ce qu'il avait fait pour la mériter ainsi que les promesses de Guillaume. Marguerite l'écouta dans une sorte de ravissement, et quand il eut cessé, elle lui répondit d'un ton triste, mais très calme et très ferme :

— Vital ! après avoir entendu ce que vous m'avez dit, avec le sentiment de bonheur que j'ai ressenti, mon sort est décidé, je le sens. A cause de ce j'ai promis à ma mère à son lit de mort, je ne puis vous épouser ; mais je vous jure, à la face du ciel qui nous entend, de ne devenir jamais la femme d'un autre : que ce soit pour vous une consolation !

Mais Vital, il paraît, n'en éprouvait pas le besoin. Il exprima sa joie de cet aveu sans aucun mélange de regret, et à partir de ce moment jusqu'à celui de leur arrivée en Normandie, Marguerite crut remarquer en lui une tranquillité, dont elle se sentit blessée au fond du cœur. — Sans doute, — se disait-elle parfois, — c'est un grand honneur pour lui d'avoir obtenu l'amour de la fille du comte d'Anscarise, mais j'avais pensé néanmoins que cet honneur-là, seul, ne le contenterait pas aussi aisément.

ainsi que les promesses de Guillaume, Marguerite l'écouta dans une sorte de ravissement, et
quand il eut cessé, elle lui répondit, d'un ton
triste, mais très calme et très ferme :

— Vital ! après avoir entendu ce que vous
m'avez dit, avec le sentiment de bonheur que
j'ai ressenti, mon sort est décidé, je le sens. A
cause de ce j'ai promis à ma mère à son lit de
mort, je ne puis vous épouser ; mais je vous
jure, à la face du ciel qui nous entend, de ne
devenir jamais la femme d'un autre ; que ce soit
pour vous une consolation !

Mais Vital, il paraît, n'en éprouvait pas le
besoin. Il exprima sa joie de cet aveu sans aucun
mélange de regret ; et à partir de ce moment
jusqu'à celui de leur arrivée en Normandie, Marguerite crut remarquer en lui une tranquillité,
dont elle se sentit blessée au fond du cœur.
Sans doute, — se disait-elle parfois, — c'est un
grand bonheur pour lui d'avoir obtenu l'amour
de la fille du comte d'Apscorise, mais j'avais peu-
se néanmoins que cet honneur-là, seul, ne le
contenterait pas aussi aisément.

XVI

CONCLUSION

Au moment de prendre possession du trône d'Angleterre, Guillaume, dit-on, avait hésité ou feint d'hésiter, il est plus probable. Peu importe pour nous. Il suffit de dire qu'aussitôt après son couronnement, il confia le gouvernement de sa nouvelle conquête à l'évêque Eudes et s'embarquant de nouveau à Pévensey, il vint mettre en sûreté, à Rouen, une grande partie de son riche butin et presser l'expédition de nouvelles levées afin d'achever de soumettre les provinces du nord de l'Angleterre.

A la cour de Normandie se trouvait alors, disent nos vieilles chroniques, Raoul, beau-père du roi de France. Il avait à sa suite un grand nombre de nobles. Une troupe de jeunes saxons, ralliés au parti normand, entourait le vainqueur, et leur beauté, si on s'en rapporte au témoignage de Guillaume de Poitiers, ne le cédait pas à celle des plus séduisantes jeunes filles. Les riches vêtements du nouveau roi et ceux de ses compagnons, offraient un autre sujet d'admiration. Puis, c'était le luxe de la table, porté à un degré inconnu jusqu'alors. Les mets les plus recherchés étaient servis dans des vases d'or et d'argent; si dans le nombre il s'en trouvait simplement en bronze ou en os, la recherche des ornements et la finesse du travail leur donnaient une valeur considérable.

Ce fut au moment où Guillaume allait présider une fête splendide, que Vital se vit introduit près de lui. Déjà Marguerite et la bonne Ansberge venaient de donner à la future reine d'Angleterre, (car Mathilde n'était pas encore couronnée), tous les détails relatifs à la mort d'Elgiva.

— Séchez vos larmes, — Madame, avait dit le Roi.— Votre fille a cessé de vivre au moment où, docile à l'ordre de son père, elle s'efforçait de procurer toutes sortes d'avantages à nos peuples. C'est une fin glorieuse, et que vous ne devez déplorer qu'avec modération.

Mais la Duchesse avait répondu : — Monseigneur, ne vous étonnez pas, je vous prie, si je pleure sur la destinée de ma fille. Je la chérissais tendrement, et par les vertus du Très-Haut ! si sa vie pouvait être rachetée au prix de mon sang, je le verserais au moment même avec joie. Pouvez-vous exiger, que nageant au sein de toute cette opulence, je pense tranquillement que le fruit de mes entrailles a péri dans un chétif navire, sans presqu'aucun secours ? Ah ! loin de mon cœur une telle dureté et votre pouvoir ne peut s'étendre jusqu'à l'exiger d'une mère. [10]

Et la pauvre Duchesse se tournant de nouveau vers la demoiselle d'Anscarise et la bonne Ansberge, continua, leur faisant mille questions qu'interrompaient ses sanglots et ses larmes.

C'est à ce moment que Vital fut amené. Fléchissant le genou, il remit le traité conclu avec Sanche-le-Fort et le clerc royal se mit à en commencer la lecture à haute voix. Mais tout en l'écoutant, Guillaume regardait le père de Vital, entré avec ce dernier, et qui alors s'appuyait sur le bras du sire de Beaumont, vu sa faiblesse qui était toujours très grande. Le Roi ne devait l'avoir jamais rencontré, et pourtant il le considérait avec l'attention fixe qu'on met à se rappeler des traits connus.

Lorsque le clerc eut achevé sa lecture, Guillaume dit : — Voilà des conditions meilleures que je ne m'y serais attendu, considérant que celle destinée à former le lien entre l'Espagne, et nous a cessé de vivre. Le roi Sanche accorde à nos navires, tant saxons que normands, un libre commerce; il s'engage en outre à donner toute protection à nos pèlerins, et cela sans réclamer autre chose que notre consentement à ceux de nos chevaliers qui voudraient par la suite combattre sous ses ordres. Puis il joint, à ce qu'il paraît, de magnifiques présents à son traité.

En vérité, mon fidèle Vital, c'est merveille !

Le Flamand s'inclina. — Splendeur de Dieu ! — continua Guillaume, — tu est vraiment un habile messager, et maintenant nomme ta récomcompense, et s'il est au pouvoir d'un Roi de te l'accorder, elle est à toi, quand même il s'agirait de toute une principauté en Angleterre.

— Monseigneur, — dit Vital, et sa voix faiblit un peu, tandis qu'il avait jeté un regard sur son père, le pauvre vieillard qui tremblait et devenait blême, — Monseigneur, je ne demande rien sur le sol anglais; mais je réclame seulement les biens que les nôtres possédaient autrefois dans la Normandie.

— Qu'est-ce à dire ? — s'écria le Roi, et ses yeux flamboyèrent en se portant sur le vieux Vital.

— Je suis Henri d'Arques, — dit alors le plus jeune d'une voix ferme.

Toute l'assistance s'émut et porta ses regards sur le vieux comte qui tendait les bras au Roi en pleurant, car l'âge et la maladie paraissaient avoir beaucoup amolli son courage, et il disait :

— Guillaume ! mon neveu, fils de mon frère Richard !

—Vous ne vous en êtes guère souvenu au temps jadis, bel oncle ! — répondit amèrement le Roi.

— J'ai grandement péché alors, Guillaume ! car tu étais vraiment l'élu de Dieu. Aussi mon cœur a-t-il souvent depuis tressailli d'orgueil en même temps que de regret au récit de tes grandes actions. Mais voici mon Henri ! Celui-là t'a fidèlement servi, et sa conduite a dû racheter les fautes de son père, sans compter qu'elles ont déjà été chèrement expiées, car il est dur, crois moi, de manger le pain de l'étranger et d'être banni du pays natal, surtout quand toutes les gloires y sont rassemblées.

—Mon oncle,—reprit Guillaume, pensif cette fois, — je ne demanderais pas mieux que de vous rendre votre comté d'Arques et de mettre en oubli nos vieux différends; mais vous devez savoir que cela m'est impossible, attendu que j'ai juré par tout ce qu'il y a de plus saint, que vos os ne reposeraient jamais dans la terre normande.

Qu'à cela ne tienne —, dit le comte Henri en souriant. — J'ai amené tout un charriot de celle de Flandre, et mon père y sera enseveli un jour à venir, de sorte que vous pouvez lui donner toute satisfaction et néanmoins garder votre parole [11].

Le Roi ne put retenir une joyeuse exclamation. Allons ! dit-il, Roger de Beaumont était du complot, à ce que je vois. Mais le comté d'Arques toutefois, ne remplit que la moitié de ma promesse; et toi, cousin Henri, tu n'est pas homme à l'avoir oubliée, je crois !

Le jeune comte, s'avança vers Marguerite.— Me pardonnerez-vous, — dit-il, — d'avoir voulu être aimé autrement que par devoir ?

— Oui; si mon fiancé Henri d'Arques m'absout d'avoir donné mon amour au pauvre Vital, comme le pauvre Vital m'absolvait de respecter la foi que j'avais promise à Henri d'Arques. — Et la demoiselle d'Anscarise sourit finement en disant ces mots, quoique par suite de son entretien avec la duchesse Mathilde, elle eût encore les yeux remplis de larmes.

Mais cette bonne et généreuse princesse, les entendant parler ainsi, leur prit les mains et les unissant, elle dit : — Soyez heureux ! et vous le serez mes enfants, car votre union bénie réunira le devoir et l'affection !

A quelque temps de-là l'oncle de Guillaume alla reprendre possession de son comté, accompagné de son fils et de Marguerite récemment unis. La fidèle Ansberge les suivit, ayant reporté sur la jeune comtesse ces sentiments qu'Elgiva lui avait légués. Désireux de ne point réveiller d'anciennes préventions, Henri d'Arques s'abstint de paraître à la cour et même de prendre aucun service. Il vécut constamment dans la retraite, heureux par la tendresse que lui portaient les siens et le bonheur qu'il sut répandre autour de lui. Cette existence douce et paisible remplissait tous les vœux de Marguerite, du moins n'envia-t-elle jamais le rôle plus brillant que joua sa sœur de lait Mabile, comme épouse d'un dignitaire de la cour anglo-normande [12].

La princesse Judith, fut à son grand regret mariée au pieux Walthéof, qui peu à peu après la conquête avait fait sa soumission; la fin tragique du comte, le rôle odieux que joua la nièce de Guillaume, en ces tristes circonstances se trouvent rapportés, avec trop de détails, dans l'histoire d'Angleterre et celle de Normandie, pour que nous ayons à nous en occuper ici.

Un motif semblable pourrait nous dispenser de rien ajouter au sujet du dernier vœu d'Elgiva, si le plus touchant intérêt ne s'attachait pour nous à la mémoire de cette infortunée princesse. Elle fut enterrée dans le chœur de la cathédrale de Bayeux où un service était célébré tous les ans, le 10 décembre, jour anniversaire de sa mort [13].

Quant aux Broderies de la reine Mathilde, on sait que, suspendues aux murs de l'antique monument à des époques de grande solennité, elles ont été durant des siècles un objet de vénération pour le patriotisme normand, jusqu'au jour où il plut à la destinée d'en faire un sujet de contestation entre les érudits.

NOTES

NOTES HISTORIQUES

¹ (Page 1.) La Tapisserie de Bayeux, *ce long récit brodé,* expression empruntée à M. Th. Liquet (*Histoire de Normandie,* t. II, p. 247).

² (P. 16.) « Cette fille du conquérant est nommée
« diversement par les auteurs. Les uns l'appellent
« Adelis, d'autres Agatha, Ela; mais le nécro-
« loge de Bayeux indique Aelis, qui probable-

« ment est le même nom qu'*Adèle*. Nous re-
« connaissons ce nom dans celui écrit ÆLFGIVA
« sur la Tapisserie. » (M. LAMBERT, *Réfutation des
objections faites contre l'antiquité de la Tapisserie
de Bayeux*, p. 14). — On nous opposera peut-être
l'auteur des Neustriennes, qui dans sa ballade de
la *Fiancée du roi de Galice*, adopte le nom d'A-
GATHA. Mais à cela nous répondrons qu'en sa
qualité de poète, M. Alph. Le Flaguais n'est pas
tenu à l'exactitude scrupuleuse dont nous nous
piquons.

Ordéric Vital, l. V, p. 382, rapporte en ces termes la fin d'Ælfgiva, ou Elgiva, ainsi que nous
nous permettons d'écrire ce nom. « Elle avait
« aimé le prince saxon, et lui gardait une foi
« constante, lorsque la volonté de son père exi-
« gea son mariage avec le roi d'Espagne. Inca-
« pable d'oublier Harold, elle tenait en grande
« abomination de se lier à un autre. C'est pour-
« quoi elle pria en pleurant le Tout-Puissant de ne
« pas la conduire en Espagne, mais plutôt de la
« recevoir. Ses prières furent exaucées. Cette
« vierge mourut pendant la traversée. Son corps
« fut rapporté dans sa terre natale, où il reçut la
« sépulture à Bayeux. »

« Nous sommes d'accord avec M. de La Rue

« (dit M. Ed. Lambert), lorsqu'il voit, dans une
« des scènes de la tapisserie, la promesse faite à
« Harold d'une fille de Guillaume. Cette circons-
« tance est exprimée par un clerc, un secrétaire
« qu'on lui envoie pour lui annoncer l'alliance
« qu'on vient d'arrêter pour elle. Il touche de
« l'extrémité des doigts de la main droite la joue
« gauche de la princesse ; c'était probablement
« le cérémonial usité en pareille occasion.....
« Cette princesse fut enterrée dans la cathédrale
« de Bayeux où l'on célébrait l'anniversaire de
« sa mort, le 10 décembre de chaque année. »

[3] (P. 40.) C'est dans RICHER, *Vie des hommes illustres,* comparés les uns avec les autres, et dans
l'abbé PRÉVOST, *Histoire de Guillaume,* p. 123,
qu'on trouve l'anecdote relative à la demoiselle
d'Anscarise et sa compagne. Ce dernier auteur
atteste le témoignage de Rapin.

[4] (P. 62.) La part que prit le comte d'Arques,
oncle de Guillaume, à la révolte des seigneurs normands, et le rôle qu'il y joua comme prétendant,
se retrouvent dans toutes les histoires de Normandie ; mais LE MÉGISSIER *Histoire et cronique de
Normandie,* et LA FRESNAYE *(Nouvelle hist. de Nor-*

mandie, enrichie de notes prises au Muséum de Londres), sont entrés dans la plupart des détails que nous rapportons.

Il faut le dire pourtant, le second incognito du comte d'Arques, la conduite que tint son fils Henri, voire même l'existence de ce fils, sont autant de particularités négligées par ces deux historiens. En admettant notre version, ce silence paraîtrait naturel, puisque le jeune comte ayant jugé prudent de s'éloigner d'une cour ombrageuse, on n'eut désormais aucune occasion de s'occuper de lui. M. de La Rue a cru voir dans Vital un des vassaux de l'évêque Eudes. Il cite une charte de ce prélat, où figure ce personnage, mais sans aucune attribution de titre, ainsi que le reconnaît lui-même M. de La Rue. L'identité découverte par nous, entre le Vital des Broderies et le fils du comte d'Arques, ne serait donc pas formellement contredite par la science.

4. (P. 62.) Ce manuscrit des fables d'Ésope dont il est ici question, existe encore aujourd'hui à la bibliothèque de Leyde. On sait que le roi Alfred les avait traduites du grec au ixe siècle (M. Ed. Lambert, *Réfutation*, etc.)

⁵ (P. 67.) Parlements, assemblées générales de la nation. On sait que le mot saxon est *Witenagemot*.

⁷ (P. 80.) Cette circonstance et ce langage de Hugues de Grantemesnil sont rapportés de la même manière par Le Mégissier, ch. 49, feuillet 98, à l'exception qu'il s'agit du frère de Mathilde, et non de son père.

⁸ (P. 95.) Cette description est empruntée à l'histoire de France de Henri Martin. Nous croyons inutile d'observer qu'en tout ce qui concerne la conquête d'Angleterre, nous nous sommes constamment rencontrés avec Thierry, Depping, etc. Il n'y avait que le serment prêté par Harold à Guillaume, dont les circonstances pouvaient nous présenter quelqu'embarras. Mais comme les auteurs contemporains ont diversement rapporté cette scène, suivant qu'ils favorisaient le parti normand ou le parti saxon, nous avons cru naturellement devoir nous placer au point de vue de la princesse Elgiva.

Notre manuscrit a été communiqué par M. Le Flaguais à M. Trébutien, que ses travaux comme orientaliste et comme antiquaire recommandent doublement à la science ; malheureusement lorsque ses observations, nous sont parvenues, l'impression était déjà avancée. Nous avons tenu compte de sa bienveillante critique pour la suite, et le prions d'agréer ici l'expression de notre gratitude. Divers mots trop modernes pour le ton d'une narration d'évènements du onzième siècle se sont trouvés sous notre plume. Tels sont : *mètre, sténographe*, et quelques autres qui doivent être effacés par un goût sévère.

⁹ (P. 133.) Nous ne pouvons nous dissimuler qu'il s'élève ici pour nous une grave difficulté. Beaucoup d'auteurs pensent que les Broderies continuaient jusqu'au couronnement de Guillaume, et qu'elles ont été détériorées à l'extrémité. Nous pourrions à la vérité invoquer en notre faveur le témoignage de l'abbé de La Rue *(Recherches sur la Tapisserie de Bayeux,* p. 16) ; mais nous n'ignorons aucune des preuves alléguées contre lui par plusieurs savants, dont l'opinion en toute autre circonstance eût fait loi pour nous. Indiquer les passages qui nous contredisent, c'est mettre le lecteur à même d'apprécier notre bonne foi (M. DE CAUMONT, *Bulletin monumental,* 6ᵉ vol., p. 62 ; — M. LAMBERT, *Réfutation des objections faites contre l'antiquité de la Tapisserie de Bayeux,* p. 9 ; — *Rapport fait au*

conseil municipal de Bayeux, par M. PEZET, président du tribunal civil, au nom de la commission chargée de prendre des mesures pour la conservation de la tapisserie de la reine Mathilde. C'est également le lieu de reconnaître le secours que nous a prêté la *Notice historique sur la Tapisserie brodée par la reine Mathilde, épouse de Guillaume-le-Conquérant.* — (Bayeux, imprimerie de L. Nicolle, 1840.)

[10] (P. 161.) Ces paroles de Mathilde se retrouvent presque textuellement dans nos vieilles chroniques seulement c'est du prince Robert qu'il s'agit.

[11] (P. 165.) Un lecteur superficiel nous accuserait peut-être d'avoir emprunté cette idée au célèbre fou Roquelaure, mais pour peu qu'on veuille se rappeler que Henri d'Arques vivait plusieurs siècles avant Roquelaure, on conviendra que ce dernier seul doit être accusé de plagiat. Mais, en définitive, le plus ou moins d'invention, importe ici fort peu, notre but ayant été surtout de caractériser l'esprit contemporain ; nous citerons comme excuse du ton peu noble que nous avons parfois prêté à Guillaume, ce passage de Guillaume de Malmsbury, peignant les modifications que l'humeur joyeuse

des Normands, amena dans les mœurs saxonnes:
— « La passion pour la plaisanterie et la gaieté
« était si générale, que les plus grands ennemis,
« dans la chaleur même d'un siège, suspendaient
« parfois leurs hostilités pour se livrer à un com-
« bat moins dangereux de raillerie et de répartie.
« Lorsqu'un des deux partis avait ce dessein, il
« se montrait à l'autre habillé de blanc, et ce
« signal était entendu. »

[12] (P. 166) Relativement à Wadard, M. de La Rue avait vu dans cette figure de la Tapisserie, « *une* « *sentinelle préposée* à la garde des effets de l'ar- « mée. »—M. Ed. Lambert réfute victorieusement cette opinion en prouvant que « ce personnage « *était chargé de surveiller les fournitures de l'ar-* « *mée....... La désignation de son nom suffisait à* « *des contemporains pour le faire reconnaître.* »

[13] (P. 167.) Le onzième siècle forme dans l'histoire de la Normandie, l'époque la plus glorieuse de son illustration ; époque doublement consacrée par les exploits brillants des compagnons de Tancrède de Hauteville et de Guillaume. Grâce à nos trouvères et à nos chroniqueurs, les souvenirs de tant de faits avérés, sont venus se mêler pour nous

aux impressions du roman et de la poésie. Mais il est un caractère, majestueux et doux à la fois, qui semble, en planant sur tant de récits, les dominer par une sorte de prestige magique. Ce caractère, le plus parfait peut-être que nous offre le moyen-âge, est celui de Mathilde, épouse de Guillaume-le-Conquérant. Mathilde, la duchesse-reine, mère si dévouée, princesse d'une si admirable bonté au milieu d'une cour dont les mœurs énergiques étaient parfois empreintes de barbarie ; si grande, si noble dans l'infortune ; *belle de corps et généreuse de cœur*, suivant l'expression d'un contemporain, et mourant enfin blessée dans ses affections les plus chères. Une chose en ceci nous confond étrangement, c'est le soin avec lequel on retire de l'oubli des noms odieux, tandis qu'on tourne avec insouciance la page sur une vie exempte d'aucun reproche. Essayons, non pas l'éloge, mais le simple récit des évènements, et peut-être comprendra-t-on la tendre vénération que nous avons vouée à la reine Mathilde.

Toujours guerriers et entreprenants, les descendants de Rollon avaient alors leur tête un jeune prince, ayant à peine secoué le joug de la tutelle, et qui déjà se plaisait à fixer tous les regards par son faste et sa magnificence. Doué d'une valeur qui tenait de la témérité, ses biographes le représentent unissant à une taille haute et bien proportionnée, des traits dont la beauté frappait d'autant plus, qu'elle était rehaussée par une expression de noblesse et de fierté. On vantait son adresse dans les exercices du corps, son aptitude à toutes les sciences en honneur à cette époque, on louait surtout la franchise de ses manières, et si quelques hommes prudents commençaient à redouter son esprit à la fois habile et vindicatif, s'ils s'effrayaient de son ardente ambition, de tels défauts ne semblaient aux yeux éblouis de la multitude qu'autant de qualités brillantes et chevaleresques (*Vie des hommes illustres*, par A. RICHER, t. Ier, p. 217).

Cet homme auquel il devait être donné de changer la nationalité anglaise, c'était Guillaume, duc de Normandie. Afin de mieux assurer en son pouvoir contre le roi de France, il venait de faire demander la main de Mathilde, fille de Baudoin-le-Pieux, comte de Flandre (1050). La princesse avait alors quinze ans étant née en 1035, suivant la chronique flamande (*Hist. excellente et héroïque du roi Willaume*, par d'EUDEMARE, p. 78 ; MASSEVILLE, *Hist. sommaire de Normandie*, t. Ier, p. 181).

Quelques auteurs ont prétendu qu'il avait déjà été question de ce mariage à l'époque où Baudoin était venu en Normandie avec Henri Ier, pour soutenir Guillaume contre les seigneurs révoltés du Cotentin. On a même ajouté que le jeune duc avait ensuite fait le voyage de Paris uniquement pour voir la princesse Mathilde. La circonstance un peu romanesque de cette entrevue a pu saisir quelques imaginations ; mais nous préférons nous en tenir à la naïve simplicité de nos moines normands, qui représentent la fille de Baudoin-le-Pieux et d'Adèle de France, comme *ayant mené jusqu'à l'époque de son mariage une vie obscure et cachée, bien que la très gracieuse dame eût été élevée par sa sage mère, de manière à faire fructifier en elle tout ce qu'elle tenait de son père* (GUILLAUME DE POITIERS).

Les fêtes qui eurent lieu à cette occasion furent des plus brillantes. Le comte de Flandre accompagna lui-même sa fille jusqu'au château d'Eu, portant *d'innombrables présents*. Guillaume entouré de ses chevaliers se plut à déployer la plus grande magnificence, *jaloux de témoigner sa gloire en même temps que sa passion* (M. DE CLAVIGNY, *Vie de Guillaume*, p. 41 ;—LE MÉGISSIER, *Histoire et chronique de Normandie*).

Poussé par l'empereur Henri III, qui redoutait l'alliance de Guillaume avec Baudoin, son ennemi personnel, le pape Léon IX s'était opposé à ce mariage, sous le prétexte d'une alliance, déjà contractée antérieurement entre les deux familles. On passa outre; mais une telle infraction aux défenses du souverain pontife ne pouvait avoir lieu sans attirer ses vengeances. Le duché de Normandie fut frappé d'interdit. Rien ne saurait, de nos jours, donner une idée de l'appareil lugubre dont était accompagnée une pareille sentence. On renversait dans la poussière les crucifix enlevés des autels; les ossements des saints les plus révérés, tirés de leurs châsses, gisaient sur le pavé des églises, tandis que les portes arrachées de leurs gonds, étaient remplacées par des amas de ronces et d'épines. Il n'y avait plus d'office divin, plus de sépulture ecclésiastique. On n'admettait que le baptême des nouveaux-nés et la dernière confession des mourants (THIERRY, *Histoire de la conquête d'Angleterre*, t. III, p. 38 ;—TH. LIQUET, *Hist. de Normandie*, t. II, p. 131).

Oh! qui pourrait dire ici la tristesse et le découragement de Mathilde ? Elle si pieuse et dès l'enfance élevée au milieu des splendeurs d'une religion qui empruntait aux cours une partie de l'éclat dont elle environnait ses fêtes ! Et cette privation soudaine de tous les devoirs, qui pour elle avaient été comme autant de plaisirs, elle venait la frapper à la sortie même des pompes de son mariage ! Tandis que ce peuple, vers lequel son cœur la portait déjà, n'était-ce pas à elle qu'il était redevable de la plus affreuse des calamités ? Qu'il a fallu exercer de vertus, pour qu'un tel évènement n'ait pas fait naître une prévention d'éternelle durée contre la jeune souveraine ! Loin de là. Jamais princesse ne fut plus vénérée durant sa vie, plus sincèrement pleurée après sa mort, suivant le témoignage unanime des historiens.

Ce qui augmentait encore la terrible impression produite par la sentence émanée du saint-siège, c'était l'effrayante renommée du prélat qui s'en était rendu l'interprète. Mauger, archevêque de Rouen, passait aux yeux du peuple pour un des plus grands magiciens de l'époque. Il avait, disait-on, un démon familier, qui du reste est devenu célèbre dans nos chroniques sous le nom de Thouret. On comprend que, passant par une telle bouche, l'excommunication n'en devenait s'il était possible que plus effrayante encore.

Redoutant les suites d'une semblable mesure, Guillaume fit partir pour Rome le moine italien

Lanfranc (LIQUET, *Hist. de Normandie*, t. II, p. 171 ;— ORD. VITAL, liv. III, p. 119). Cet homme habile se rendit près du pape et obtint que l'interdit fût levé, à condition toutefois que le Duc et Mathilde élèveraient à leurs frais deux monastères et plusieurs hôpitaux.

Irrité de la conduite que l'Archevêque de Rouen avait tenue en cette circonstance, Guillaume le fit déposer par une assemblée de prélats normands que présidait le légat du Pape. Mauger convaincu de plusieurs crimes, se vit relégué dans l'île de Guernesey qui appartenait alors au duc de Normandie (LE MÉGISSIER, ch. 46, feuillet 79 ;—MASSEVILLE, t. Ier, p. 283). On ajoute qu'à peu de temps de là, quelques pêcheurs découvrirent son cadavre sur la plage aux environs de Cherbourg.

Ainsi réconciliée avec l'Église, Mathilde parut trouver un charme nouveau dans les moindres actes que lui dictait une piété douce et vraie. Orderic Vital, moine de l'Abbaye de Saint-Évroult, raconte avec l'attrait d'une peinture locale, qu'*un jour cette princesse ayant ouï la réputation du bon ordre où se maintenaient les religieux de ladite Abbaye, voulut s'y transporter et offrir à Dieu ses prières. Elle fut reçue honorablement de l'assemblée de tous les moines, fit oblation d'un marc d'or sur l'autel et s'y recommanda aux dévotes oraisons de l'abbé ainsi que des religieux, auxquels la duchesse fit présent d'une riche chasuble en broderie d'or et semée de perles.....*

L'Abbaye de Marmoutier reçut des preuves non moins positives de sa magnificence. Elle lui fit don d'une chape et ajouta encore *d'autres grands biens céans,* selon l'expression du chanoine d'Eudemare.

Au reste, des soins plus importants réclamaient la duchesse Mathilde. Une nombreuse famille l'entourait alors. Son premier né, le gai, le courageux Robert nous apparaît, dans les monuments de l'époque, invariablement la toque penchée sur l'oreille, le faucon perché sur le poing. Puis venaient Richard, qui bientôt au milieu d'une partie de plaisir, devait arroser de son sang le sol conquis par son père, et ce Guillaume dont l'adolescence révélait déjà le courage, l'habileté, peut-être aussi l'ambition. Quant à Henri, surnommé *beau-clerc,* il ne naquit qu'après la conquête de l'Angleterre.

Mais si l'humeur un peu turbulente des jeunes princes amena parfois pour Mathilde des moments d'angoisses, les douces vertus de ses filles durent lui être d'une grande consolation. C'est dans nos vieux chroniqueurs seulement qu'on peut apprendre à les connaître, car les historiens modernes les confondent pour la plupart. Et pourtant leurs qualités mêmes les différenciaient. Cécile nous est représentée comme *façonnée, dès sa plus tendre jeunesse, au saint ordre dont elle devait un jour prendre l'habit.* Constance, à l'exemple de sa mère, *aspira sans cesse au nectar de la paix* (Pauvres femmes ! leur siècle ne devait guère favoriser cette aspiration, il faut dire). Adèle est appelée *l'amie des pauvres.* Agathe ensevelit la perte d'une légitime affection dans le cloître, où elle meurt *saintement, après avoir vécu non moins saintement suivant la sainte règle ;* et enfin la mélancolique Ælfgiva, dont la Tapisserie de Bayeux reproduit les fiançailles avec Harold, se voit presque béatifiée par le moine de Saint-Évroult. Lorsqu'on lit ces simples et naïves louanges, éparses dans nos annales, et qu'on les compare à celle d'une toute autre nature, mises alors en vogue par la galanterie chevaleresque, on ne peut méconnaître le pouvoir exercé par l'exemple de la pieuse Mathilde, sur une partie de sa famille du moins. Mais déjà un avenir que nul n'avait dû prévoir, se préparait activement.

Par une contradiction de volontés, qui reste

un mystère pour l'histoire, le roi des Anglais, Édouard-le-Confesseur, avait tour-à-tour désigné le duc de Normandie et le saxon Harold pour lui succéder (LIQUET, *Hist. de Normandie*, t. II, p. 191). Brave et plein de confiance, ce dernier était venu réclamer de Guillaume les ôtages que le roi Édouard avait jadis confiés à sa garde. Le duc normand accueille le jeune Saxon, lui promet la main de sa fille Ælfgiva, et exige de lui un serment qui n'a point été mieux expliqué par les auteurs contemporains que les tergiversations du monarque anglais.

Guillaume exposa au tribunal du saint-siège ses motifs pour envahir l'Angleterre; Harold au contraire refusa de lui soumettre ses droits. Cette affaire fut débattue dans le conclave de Latran par le pape et ses cardinaux, et l'Église adjugea l'héritage contesté à Guillaume.

(1066) Le Ciel lui-même parut, aux yeux d'un âge crédule, prendre part à l'expédition (THIERRY, *Hist. de la conquête d'Angleterre*, t. Ier, p. 266). Une comète fut aperçue aux approches des fêtes de Pâques. L'Anglais Eimer s'écrie à ce sujet : — « Tu es venue enfin, meurtrière des enfants, « tristesse des mères, présage certain de nos « malheurs ! » — Il faillit se réaliser pour Mathilde, au début même de cette guerre, car un différend s'éleva entre son mari et sa propre famille. Guillaume avait envoyé Hugues de Grantemesnil demander du secours au comte de Flandre son beau-père. Celui-ci à la mort de Henri Ier avait été nommé régent du royaume, ou marquis de France, comme on disait alors. Il ne crut pas devoir employer les forces qui lui étaient confiées à soutenir l'ambition de son gendre. Guillaume ressentit vivement ce refus et répondit d'une façon assez piquante. Baudoin de Mons, le fils du régent, allait s'emporter, lorsque Hugues de Grantemesnil invoqua le souvenir d'une sœur chérie. Le ressentiment du jeune comte s'apaisa, et bientôt après un convoi assez considérable partait des côtes de Flandre pour soutenir les Normands.

Au moment d'organiser l'œuvre de la conquête, Guillaume comprit que son premier soin devait être de pourvoir au gouvernement de la Normandie, durant son absence. Un conseil eut lieu à Bonneville-sur-Touques, et la duchesse Mathilde se vit nommée régente par acclamation. En rendant compte de ce choix, les auteurs contemporains reconnaissent dans celle qui en était l'objet, toutes les qualités propres à le justifier. Aptitude aux affaires, sagesse, prudence, et surtout cette bienveillance et cette aménité qui attiraient à la fille de Baudoin-le-Pieux l'amour et la vénération de tout un peuple. Elle voulut présider elle-même à la construction du navire qui devait porter son mari, et en paya les frais de ses propres épargnes. Sur la proue était représenté un génie embouchant la trompette d'une main et de l'autre désignant les côtes d'Angleterre, dont il semblait promettre d'avance la conquête aux armes de Guillaume (*Hist. excellente et héroïque du roi Wuillaume*, par D'EUDEMARE, prêtre et chanoine en l'église de Rouen, 1629 ; — WHEATON'S, *History of the Northmen or Danes and Normands from the earliest times, to tho conquest of England*, p. 358). Conception ingénieuse qui révèle un sentiment en quelque sorte inné des arts.

Nous ne suivrons pas la flotte triomphante des Normands. D'autres se sont occupés, en grand nombre, du soin de retracer leurs exploits ; notre but serait de donner simplement, ici, une esquisse du paisible gouvernement de Mathilde. Orderic Vital la représente environnée de pièges, luttant contre les barons, qui ayant refusé de suivre *leur seigneur*, espéraient profiter de son absence pour agrandir leurs domaines, et ne parvenant qu'à force de patience et d'habileté à déjouer leurs ruses. Guy d'Amiens, prélat distingué était fréquemment appelé dans son conseil. Elle le chargea de composer un poëme sur les hauts faits de son mari, s'efforçant de répandre ainsi le goût de la musique et de la poésie, inséparables alors ; tandis qu'au milieu du cercle formé par ses filles, et les parentes des nombreux compagnons de Guillaume, elle s'occupait suivant la tradition de ce fameux ouvrage de tapisserie, ou de broderie plutôt, objet de tant de contestations parmi les érudits et qui n'en demeure pas moins le monument le plus curieux des évènements, des costumes et même des mœurs de l'époque.

Il serait trop long de reproduire les savants arguments, avancés pour et contre la contemporanéité de la Tapisserie dite de Bayeux ; arguments dont nous ne pourrions être que l'écho, après tout. On sait que Lancelot et le P. Montfaucon, d'accord avec la tradition, les attribuaient à cette reine Mathilde, dont le souvenir était demeuré ineffaçablement gravé dans la mémoire du peuple normand. Au siècle dernier, l'historien Hume jugea à propos de contester cette origine, la faisant remonter seulement à l'impératrice Mathilde, petite-fille du Conquérant. Si à défaut de recherches érudites, une preuve morale était admise, il suffirait peut-être d'opposer la vie errante, et le caractère ambitieux de l'une, aux douces vertus, à l'affection conjugale de l'autre, pour confirmer à la reine Mathilde son titre de Pénélope des temps chevaleresques.

Ce travail qui semble avoir réclamé tant d'industrie et de patience, le plus curieux peut-être, dans ce genre du moins, de ceux transmis jusqu'à nous par le moyen âge, fut transporté à Paris, lorsque Napoléon pensait à conquérir l'Angleterre (*Vie de Guillaume, surnommé le Conquérant; — Parallèle entre les exploits de ce héros et le génie du Premier Consul,* SAUNIER, 1804, Introduction). Comme si le plus célèbre guerrier de notre siècle, eût cherché dans les succès du héros normand, une sorte de précédent à son ambition !

L'exemple était séduisant il faut dire. L'armée de Guillaume avait mis à la voile le 22 septembre 1066 ; le 14 du mois suivant, la bataille de Hastings et la mort de Harold assuraient son triomphe. Lorsque Mathilde apprit cette victoire décisive, elle était en prières dans une petite chapelle située sur les bords de la Seine, à quelque distance de Rouen. La Duchesse fit ériger en ce lieu même une église dédiée à la Vierge, et la nomma *Notre-Dame-de-Bonne-Nouvelle*. Simple et naïve appellation qui résumait en un seul mot, les souvenirs de tant de diverses angoisses.

Près de Mathilde se trouvait peut-être alors cette Ælfgiva, promise autrefois à Harold, et dont ce prince, proclamé roi par le peuple anglais, avait trompé la foi en épousant la fille du comte saxon Morkar. Guillaume arrêta le mariage d'Ælfgiva avec le roi d'Espagne. Nous ne savons rien dans nos vieux chroniqueurs de plus attendrissant que cette histoire si simplement racontée. Qui n'a compris d'abord l'amour de la jeune princesse pour le beau, le gai, le courageux Harold, dont la destinée à lui aussi devait être si funeste ? Et comment ne pas être ému de cette prière *adressée par elle, au milieu des larmes, au Tout-Puissant de ne pas la conduire en Espagne, mais plutôt de la recevoir là-haut ?* Malheureuse Ælfgiva, qui devait payer de sa frêle existence les brillants exploits de son père ! Le pieux moine, son naïf historien compatissant à ses douleurs, semble ensuite remercier le Ciel d'avoir exaucé les vœux de ce cœur brisé *en donnant la mort au lieu d'une couronne à la fidèle Vierge.* Ælfgiva ne vit pas, en effet, les côtes d'Espagne. Elle succomba durant la traversée, et son corps fut rapporté à Bayeux, où il reçut la sépulture comme il a été dit.

Lorsque le duc de Normandie eut réussi à poser sur sa tête la couronne d'Angleterre, il éprouva le désir naturel de jouir de son triomphe, au milieu des siens. Nous allons laisser parler ici Guillaume de Poitiers, dont le style pittoresque donne parfois tout le coloris du roman aux graves feuillets de l'histoire. On verra en même temps une partie des emprunts que nous lui avons faits :

(1067) « Or on célébra la Pâque du Seigneur
« dans le monastère de Fécamp, fêtant avec un
« grand respect la résurrection du Rédempteur,
« au milieu d'une foule de vénérables évêques
« et abbés, humblement placés dans les chœurs
« des ordres religieux. Le roi força la foule des
« chevaliers et du peuple d'interrompre ses jeux
« et de se rendre aux divers offices. A la cour se
« trouvait le puissant comte Raoul, beau-père
« du roi des Français, et un grand nombre de
« nobles de France..... A la vue des vêtements
« couverts et chamarrés d'or du roi et de ses
« compagnons, tout ce qu'ils avaient vu jusqu'a-
« lors leur parut vil. Ils admiraient aussi les
« vases d'argent et d'or, sur le nombre et l'éclat
« desquels on pourrait rapporter des choses vrai-
« ment incroyables. Dans un repas donné au
« Français, on ne but que dans des vases de

« cette sorte, ou dans des cornes de bœuf or-
« nées aux deux extrémités des mêmes métaux.
« Enfin ils remarquèrent encore beaucoup de
« choses convenables à la magnificence royale,
« et dont à leur retour chez eux ils firent le
« récit. »

Sur le point de quitter la Normandie, pour se voir proclamée reine d'Angleterre, la Duchesse voulut que son abbaye, œuvre d'expiation, fût enfin consacrée. Toute la famille ducale, suivie de la cour et des principaux barons, vint assister à cette cérémonie. Une religieuse (nommée Mathilde, comme la reine), fille d'un riche seigneur normand, fut élue abbesse. Le Roi présenta lui-même sa fille aînée Cécile pour être consacrée à Dieu dans ce monastère, dont elle devait avoir un jour la direction. Sans doute qu'un pareil sacrifice dut coûter au cœur maternel de la duchesse Mathilde; néanmoins il faudrait se garder de le juger avec les idées de notre temps. La future reine d'Angleterre pouvait, à bon droit, se réjouir de savoir son enfant à l'abri de ces amertumes de la grandeur dont elle-même, parfois, avait fait l'épreuve. Elle la voyait calme, heureuse, anticipant les joies du ciel, au milieu des femmes les plus distinguées du pays, qui s'empressaient de se faire recevoir dans la noble abbaye ; puis enfin paisible souveraine un jour dans ce même établissement, considéré alors comme une des merveilles de l'époque.

Par prudence, dit-on, Mathilde s'efforça le plus possible de différer son couronnement. Elle eût voulu voir son mari entièrement affermi dans sa nouvelle conquête, avant de se hasarder à prendre un titre capable de réveiller les susceptibilités nationales des Saxons, qui, pour désigner leur souveraine, s'étaient toujours servis du mot de *Cween,* femme, à proprement parler, et dont on a fait depuis *Queen ,* reine, en anglais. Mais le nouveau monarque jugeant enfin nécessaire à sa grandeur que son épouse et ses enfants vinssent partager son trône, Mathilde le suivit. Elle s'embarqua, et tout ce que la Normandie possédait de remarquable, en grands seigneurs, en femmes nobles, en prélats éminents, voulut partir avec elle.

Quelques historiens ont fait un crime à Mathilde d'avoir accepté les terres d'un riche Saxon nommé Brihtric. Il faudrait savoir d'abord jusqu'à quel point la nouvelle reine eût été libre de payer d'un refus l'hommage que son mari lui faisait de cette propriété, fruit de ses exploits,

On a voulu chercher dans un sentiment romanesque l'explication d'un fait qui, peut-être, vu le caractère de Guillaume, n'en avait nul besoin. D'après cette version, Brihtric ayant fait dans sa jeunesse un voyage en Flandre, se serait vu en position de refuser la main de Mathilde. Or, la Duchesse, pour venger cette injure, aurait dépouillé le malheureux Brithric. Les brillantes alliances contractées par le comte de Flandre, rendent ce refus, impliquant naturellement une offre, fort peu vraisemblable, de même que l'âge si tendre de la fille d'Adèle de France, à l'époque où elle épousa Guillaume, et surtout son caractère dont la générosité est si généralement reconnue, portent à rejeter au rang des suppositions le motif d'une basse vengeance.

Le désintéressement de Mathilde avait au reste paru à l'occasion d'un procès que Guillaume termina assez sommairement, en lui adjugeant un héritage sur lequel deux familles normandes pouvaient avoir des prétentions. La Duchesse par une sorte de protestation tacite disposa de ces biens, qui devinrent le partage de l'abbaye de Saint-Pierre-de-Jumièges (*Etudes sur l'administration de la justice et l'organisation judiciaire en Normandie*, par M. PEZET, troisième volume des Mémoires de la Société d'Agriculture de Bayeux, p. 125).

La cause de Guillaume venait de faire en Angleterre une importante acquisition dans la personne d'Edwin et de Morkar, tous deux beaux-frères du roi Harold. Ces deux jeunes seigneurs joignaient à l'avantage d'une grande richesse un extérieur et un caractère attrayants : aussi le peuple et le clergé saxon lui étaient-ils fortement attachés. Guillaume, pour les attirer à lui, avait promis à Edwin la main de sa fille Agathe. La tranquillité paraissait donc rétablie en Angleterre, lorsque tout-à-coup des symptômes d'insurrection se manifestent. Objets de quelque méfiance à la cour de Guillaume, Edwin et Morkar, entraînés d'ailleurs par les vœux de leurs compatriotes, se mettent à la tête des révoltés. Le second fait prisonnier au début de cette guerre, se vit enfermé dans un château-fort ; bientôt après Edwin, surpris par une troupe de Normands, eut la tête tranchée dans ce combat partiel. Elle fut portée au bout d'une pique en présence du Roi, auquel cette vue fit éprouver, dit-on, un sentiment douloureux.

Guillaume envoya de suite en Normandie *Mathilde, sa femme, qu'il aimait chèrement, afin qu'à l'abri des troubles qui agitaient l'Angleterre, elle pût conserver intacts au jeune Robert les états qui lui appartenaient* (ORD. VITAL, liv. IV, p. 180). La Reine emmenait la malheureuse Agathe, qui aussitôt son retour prit le voile. *Elle avait tendrement chéri le bel adolescent Edwin,* disent nos chroniqueurs.

D'autres douleurs attendaient Mathilde : *la mort de son père, la désolation de sa mère et la cruauté de ses frères vinrent déchirer son cœur* (ORD. VITAL). Baudoin-le-Pieux laissait pour lui succéder un fils de même nom que lui. Robert le plus jeune, possesseur du comté de Frise par son mariage avec Gertrude de Saxe, tenta de lui disputer son héritage ; et bientôt Baudoin de Mons succomba dans cette guerre impie, où lui-même avait eu quelques torts d'agression. Cependant Robert, insensible à la mort de son frère, le poursuivit dans sa veuve Richilde de Hainault, et dans leurs enfants. La princesse se retira en France, implorant le secours du Roi. Mathilde s'émut en apprenant ces fâcheuses nouvelles ; mais ne voulant pas entraîner la Normandie dans une guerre qui pouvait devenir funeste, vu l'éloignement de Guillaume, elle se contenta d'envoyer le sénéchal Fitz-Osbern, avec une suite peu nombreuse, et sans mission apparente, au secours des enfants de son frère Baudoin (DEPPING, *Histoire de Normandie*,

t. Ier, p. 83). Fitz-Osbern était un homme grave, mûri dans les conseils, et son intervention pouvait être d'une grande utilité dans cette affaire.

L'expédition néanmoins fut malheureuse. L'aîné des neveux de Mathilde, Arnoult, périt avec Fitz-Osbern, attirés tous deux dans un piège. Le sénéchal était aimé, de sorte que de toutes parts en Normandie on demanda vengeance de sa mort. Redoutant plus que jamais de voir l'état qui lui était confié employer ses forces à augmenter peut-être encore les troubles qui déchiraient la Flandre, la Régente écrivit à son mari ; Guillaume accourut (1071). Sa présence suffit pour calmer l'effervescence des esprits. D'ailleurs, la fameuse bataille de Mont-Cassel avait eu lieu. Richilde et son fils Robert étaient prisonniers ; mais remis en liberté à la prière du roi de France, le jeune prince était mort peu de temps après. Robert le *Frison* aurait donc pu monter tranquillement sur le trône de Flandre, sans les embarras que lui suscita Richilde, en vendant à Théoduin, évêque de Liège, la suzeraineté du Hainault. Ceci ne regardait en rien la Normandie, aussi Guillaume retourna-t-il en Angleterre ; mais l'année suivante, la Reine se vit encore dans la nécessité de le rappeler pour apaiser la révolte des Manceaux, poussés secrètement par Foulques comte d'Anjou. Et ici une réflexion se présente naturellement à nous : en voyant, dans les annales de la Flandre, l'humeur belliqueuse de Richilde lui susciter sans cesse de nouvelles guerres, que cette princesse, du reste, soutint plus d'une fois en personne, on n'en apprécie que mieux le caractère prudent de Mathilde, qui en éloignant toute occasion de trouble pour son peuple, recourait au bras victorieux de Guillaume, là où elle sentait son insuffisance.

La révolte des Manceaux était en effet apaisée, lorsque Foulques d'Anjou, furieux d'avoir échoué dans ses projets, appela les Bretons à son secours. Sur ces entrefaites, Lanfranc devenu le conseiller le plus intime de Guillaume, chargé même du gouvernement de la conquête en son absence, lui donna l'avis qu'une conspiration venait de se former contre son autorité.

Voici quelle en était l'occasion : le sénéchal Fitz-Osbern, dont nous avons parlé plus haut, en mourant laissait deux fils. L'aîné, de même nom que lui, avait hérité de ses terres en Normandie ; Roger, le plus jeune, était entré en possession du comté de Hereford, domaine de la conquête. Il avait pris dans le partage des biens paternels le soin de marier sa sœur Emma, et était entré en négociation pour lui faire épouser Raulf de Gaël, seigneur bas-breton, un des chevaliers de Guillaume. Ce prince, on ignore pour quelle raison, vit avec déplaisir ce mariage. Les parties intéressées n'en tinrent compte, et la cérémonie fut célébrée avec un éclat inusité, dans la cité de Norwich, principale ville du comté de Norfolk, que Raulf de Gaël tenait alors en sa puissance.

A cette fête se trouvait le comte Walthéof, chef saxon auquel le vainqueur avait donné sa nièce Judith en mariage. La princesse accompagnait Walthéof; autour d'eux se pressait une foule de jeunes Anglais, que l'amour du plaisir réconciliait en partie avec le nouvel ordre de choses. Cependant Roger, Fitz-Osbern et Raulf de Gaël, emportés par la témérité de leur caractère, triomphaient ouvertement d'avoir bravé la volonté souvent tyrannique de Guillaume. Entraînés pas ces dangereux épanchements, les jeunes Anglo-Saxons eurent l'imprudence d'avouer un complot tramé par ceux de leur nation. Troublé par cette confidence, les fêtes une fois terminées, Walthéof fut trouver Lanfranc, et lui avoua les projets dont il avait été question, espérant qu'en sa qualité de régent il étoufferait l'affaire. Il n'en fut rien. Lanfranc fit part à Guillaume, alors en Normandie, de tout ce que lui avait révélé son neveu. De son côté, Judith en proie à une passion adultère, non-seulement apprenait au Roi l'existence du complot, mais en outre accusait son mari d'en être un des promoteurs. Guillaume se hâta de venir sur les lieux. Roger fut condamné à une prison perpétuelle, Raulf de Gaël qui avait pris la fuite, se vit frappé d'une sentence d'exil. Le comte Walthéof, jugé avec une précipitation dont le motif n'a pas été connu, périt sur l'échafaud. Sa mort adoucie par les consolations religieuses, l'a fait regarder par la nation anglaise comme un martyr, et nos moines normands eux-mêmes confirmèrent sa réputation de sainteté.

Il y eut encore quelques exécutions sévères. Quant à Judith, la Reine protesta énergiquement contre le rôle qu'elle avait joué dans cette sanglante tragédie, en lui défendant à jamais l'accès de la cour. Il paraît que Guillaume crut devoir respecter ce juste arrêt; car les vieux historiens anglais témoignent une sorte de joie en racontant les années d'abandon et de chagrin qui devinrent ensuite le partage de Judith (THIERRY, *Hist. de la conquête d'Angleterre*, t. II, p. 95).

Raulf de Gaël s'était retiré en Bretagne, où il n'eût pas été fâché d'exciter le duc Alain Fergant à quelqu'entreprise contre Guillaume, d'accord en ceci, avec Foulques d'Anjou. Il paraît que leurs tentatives n'eurent aucun succès ; car un traité fut conclu entre les deux princes, et le mariage d'Alain et de Constance de Normandie fut célébré à Caen (1075).

Vers la même époque, la Reine mariait Adèle, la seule de ses filles restée près d'elle, avec Etienne comte de Blois. L'union fut contractée à Breteuil; mais on se rendit immédiatement à Chartres, qui offrait à ce qu'il paraît plus de ressources pour déployer la pompe convenable en cette occasion. Ce fut la dernière joie de Mathilde.

Nos chroniqueurs observent que l'injuste condamnation de Walthéof devint fatale à la famille de Guillaume. Richard, son second fils, allait être fait chevalier, lorsque poursuivant un cerf à toute bride dans la forêt de Winchester, il se vit atteint si rudement par une branche, qu'il en tomba mortellement blessé. Il mourut dans la même semaine, *réconforté par le saint Viatique.* Sa mère n'eut pas la consolation de recevoir son dernier soupir. Elle en trouva une selon son cœur, *en multipliant les bonnes œuvres au-delà de ce que l'on peut dire,* suivant l'expression de cet Orderic Vital, dont le style naïf a un singulier attrait pour nous.

Après la mort de Richard, Guillaume dit le *roux* et Henri *beau-clerc*, s'emparèrent des affections du Roi, à l'exclusion de Robert.

Mathilde parut s'efforcer, en redoublant de tendresse, d'offrir quelque compensation au moins favorisé. Ce prince, il faut dire, réunissait toutes les qualités brillantes capables de flatter une mère. Il était vaillant et néanmoins plein de douceur pour ceux qu'il aimait ; *très miséricordieux*, dit la chronique, *envers les suppliants*, affable, cherchant à plaire, généreux jusqu'à la prodigalité, du reste inconsidéré dans ses promesses et facile à tromper.

Avant la conquête d'Angleterre, Guillaume avait promis à son fils aîné de lui abandonner le duché de Normandie, au cas où ses projets viendraient à réussir. Après l'évènement, le prince rappela cette promesse à son père. La réponse du Roi est caractéristique : — Je n'ai point pour habitude, dit-il, d'ôter mes habits avant de me coucher. — Que ferais-je donc, et que donnerais-je à ceux qui sont à mon service ? — demanda Robert. Le Roi lui répondit que s'il voulait se conduire en fils soumis, il n'aurait nulle occasion de se plaindre ; il l'engagea en outre à suivre les conseils de Lanfranc et d'autres hommes éclairés au lieu des insinuations des *mauvais sujets* dont il aimait à s'entourer.

— Je ne suis pas venu ici pour recevoir des leçons de morale : j'en ai été rassasié jusqu'au dégoût par mes maîtres de grammaire ! — s'écria Robert inconsidérément. Guillaume s'emporta. — Je déclare, dit-il, que jamais je ne partagerai mes états de mon vivant. — En ce cas, — lui répliqua son fils, j'aime mieux servir des étrangers que rester ici.

Ainsi éclata une querelle que Mathilde avait en vain tenté de prévenir (L'abbé Prévost, *Vie de Guillaume*, p. 394). Le pape écrivit au jeune prince. Après lui avoir rappelé la gloire et les exploits de son père :— Je vous exhorte, disait-il, à éviter tout ce qui peut l'offenser, et à ne pas écouter les conseils des hommes pervers, afin de ne pas contrister votre mère.

Le prince, touché peut-être, se retira chez les parents de Mathilde. Il les visita tour-à-tour. Dans le but de lui épargner l'humiliation de vivre aux dépens de ceux qui l'accueillaient, la Reine lui fit passer des secours (Thierry, *Hist. de la conq. d'Angl.*, t. Ier, p. 335). — Le Roi l'apprit et s'en irrita. — Le sentiment d'un certain sage est vrai, dit-il, je n'en éprouve moi-même que trop la justesse : *La femme qui trahit son mari, est la cause de sa perte.* Qui est-ce qui désormais trouvera une compagne fidèle et dévouée ? Voilà que ma femme, que j'aime comme mon ame, à qui dans tout mon royaume j'ai confié mes trésors et ma puissance, la voilà soutenant les entreprises de mes ennemis ! Elle les enrichit avec grand soin de mes propres biens, et elle emploie son zèle à les armer contre mes jours, à les fortifier et les soutenir.

La princesse répondit : —Monseigneur, ne vous étonnez pas, je vous prie, si j'aime avec tendresse mon premier-né. Par les vertus du Très-Haut, si mon fils Robert fût mort et que loin de la vue des vivants, il eût été caché à sept pieds au fond de la terre, et qu'il ne pût être rendu à la vie qu'au prix de mon sang, je le verserais pour lui, et je ne craindrais pas d'endurer des souffrances au-delà de ce que la faiblesse de mon sexe me permet de promettre.—Elle observa ensuite avec fermeté que la puissance du roi ne pouvait s'étendre jusqu'à interdire à une mère le droit de disposer de son superflu, en faveur d'un fils dans la détresse (Ord. Vital, l. V, p. 373).

Mais la colère de Guillaume le rendit sourd à ce langage. Il fit saisir le messager de la Reine, un Bas-Breton, qui plus d'une fois lui avait donné des preuves de sa fidélité. Cet homme, nommé Samson, parvint à s'échapper. Il se fit moine dans le monastère d'Ouche, *non moins pour le salut de son corps que celui de son âme,* observe la chronique. Mathilde le recommanda au pieux abbé Mainier, et malgré le motif qui avait amené sa vocation, Samson devint un objet d'édification pour ses condisciples.

La conduite courageuse de la Reine dans toutes ces fatales divisions paraît avoir impressionné vivement la multitude ; du moins en est-il resté une tradition, selon laquelle Mathilde traversant un jour, en compagnie de Guillaume, une des principales rues de Caen, aurait émis une opinion qui blessa l'irascible monarque. Outré de colère, il saisit Mathilde par les cheveux, l'attache lui-même à la queue de son cheval et la traîne ainsi malgré ses supplications. Touché de remords, il s'arrête enfin, et fait détacher sa victime. Elle se relève sans proférer un mot de reproche ; mais au lieu où son supplice avait cessé, la Reine fit ériger un calvaire, auquel, d'après son désir, on donna le nom de *croix pleureuse.* Ce monument, dont la véritable origine est, du reste, inconnue, subsista durant des siècles ; mais qu'il y a de mélancolique poésie, dans ce vieux conte populaire, et qu'il peint éloquemment le caractère de la femme, supposée assez généreuse, pour ne laisser subsister que le gage éternel du pardon, au lieu témoin de la plus atroce injure !

Il existe sur cette tradition un article qu'on ne lit pas sans intérêt, dans l'*Apologie pour la défense de Guillaume-le-Conquérant,* etc., par Mathieu de La Dangie, cellérier de l'abbaye de Saint-Étienne, à Caen.

Bientôt Mathilde apprit, qu'en butte aux intrigues de la cour France, Robert se disposait à prendre les armes contre son père. En proie à d'horribles angoisses, influencée par les croyances du temps, elle envoya consulter un ermite allemand qui passait pour avoir le don de prophétie. *Les envoyés revinrent avec un mélange de choses agréables et de choses affligeantes.* Robert devait vivre encore de longues années, régner un jour sur la Normandie, mais finir par être haï de ses sujets, et méprisé de ses voisins. On accuse les chroniqueurs d'avoir fait un peu cadrer la prophétie avec les évènements. Toutefois, si elle ne concernait que Robert, la manière dont la Reine avait fait interroger le religieux témoignait une égale sollicitude pour son mari et son fils ; surtout l'ardent désir de voir cesser leurs divisions (Ord. Vital, 1. V, p. 374).

Malheureusement il était de la politique du roi de France, Philippe Ier, de favoriser le parti des mécontents en Normandie. Quelques seigneurs normands, frustrés dans leurs espérances ambitieuses, vinrent se joindre à Robert, et à leur tête, il s'empara du château de Gerberoy dans le Beauvoisis. Guillaume l'apprit au moment où il retournait en Angleterre. Il se mit à la tête de ses troupes et marcha contre les insurgés.

Ainsi attaqué, le jeune prince tenta une sortie. Apercevant un chevalier dont le casque entièrement fermé ne permettait pas de distinguer les traits, mais que sa valeur faisait remarquer au milieu de tous ses compagnons, Robert fondit sur lui, et le frappant du fer de sa lance, il le renversa de cheval. Le vaincu poussa un cri. Le prince tressaille, se précipite à genoux et implore son pardon : il venait de frapper son père !

Le repentir si vrai du coupable, peut-être sa valeur que lui-même venait d'éprouver, d'autres ont dit les larmes et les supplications de la Reine; vraisemblablement toutes ces causes réunies, désarmèrent la colère de Guillaume. Il emmena son fils en Angleterre, où il lui confia le commandement d'une armée avec ordre d'aller repousser les invasions de Malcolm, roi d'Ecosse. Robert remporta une complète victoire.

Tout annonçait donc une réconciliation sincère lorsque l'on apprit que l'incorrigible prince avait déserté l'armée, pour se retirer de nouveau chez l'étranger. Cette fois le Roi n'hésita plus, et prononça sur le fils coupable une terrible malédiction (1081). Ce fut un coup mortel pour Mathilde. A partir de ce moment elle ne fit plus que languir, mais du moins eut-elle la consolation de voir renaître toute l'affection de son mari. Guillaume était en Angleterre. Dès qu'il apprit le danger de la Reine, il mit à la voile ; mais quelque fût son empressement, il n'arriva que pour recevoir le dernier soupir de Mathilde. Son testament est parvenu jusqu'à nous. On n'y verra peut-être pas sans intérêt l'énumération suivante qui donne une idée du luxe de l'époque :

« Je lègue à l'abbaye de Sainte-Trinité de Caen
« ma tunique travaillée à Winchester, par la
« femme d'Adelret, et le manteau brodé en or
« qui est dans ma chambre, pour en faire une
« châsse ; de mes deux chaînes en or, je donne
« celle qui est ornée de divers emblêmes, pour

« suspendre la lampe devant le grand autel. Je
« donne mes deux candélabres fabriqués à Saint-
« Lo, ma couronne, mon sceptre, mes coupes
« avec leurs étuis, un autre étui travaillé en
« Angleterre, avec tous les ornements de mon
« cheval, et tous mes vases, excepté ceux que
« j'aurais donnés à d'autres pendant ma vie ; enfin
« je donne la terre de Quettehou en Cotentin,
« avec deux habitations en Angleterre, et je fais
« toutes ces donations du consentement de mon
« mari. » — Dernière preuve de sa déférence
pour celui dont le caractère indomptable s'était
souvent adouci en sa faveur.

Mathilde avait quarante-six ans lorsqu'elle mourut. Suivant son vœu, elle fut enterrée à Caen, dans l'abbaye de Sainte-Trinité, fondée par elle, et dont sa fille aînée Cécile était abbesse. Ses funérailles se firent avec la plus grande pompe. Outre le concours des grands, il y eut une foule innombrable de peuple dont les *sanglots surpassaient la voix des prêtres*. Le Roi lui-même, le fier conquérant, fut remarqué versant des larmes (RICHER, *Vie de Guillaume*, t. Ier, p. 317).

L'épitaphe gravée sur la tombe de la reine Mathilde comprenait, dans un éloge mérité, une pensée touchante. — « Elle aima la piété, elle consola les pauvres, et se faisant pauvre elle-même, elle ne se trouva riche que pour distribuer ses trésors aux indigents. » — Et l'inscription ajoutait : « C'est par une telle conduite que le 1er novembre 1081, elle alla jouir de la vie éternelle. »

Tels sont à peu près les matériaux qu'on pourrait rassembler pour retracer la vie de cette Mathilde dont les vieilles chroniques vantent la beauté aussi bien que la sagesse ; elle, que la *Neustria sancta* compte au nombre des saintes ; et néanmoins oubliée, sinon dédaignée, par nos biographes modernes. Espérons qu'une main plus habile que la nôtre replacera enfin à son rang cette vivante image de grâce et de douceur parant toutes les vertus vraiment royales.

TABLE

TABLE DES MATIÈRES

	Pages
A M. Alph. Leflaguais.	VII
Les Broderies de la Reine Mathilde.	1
Chapitre I. Une partie de chasse.	3
— II. Le Château de Darnetal.	11
— III. L'Attaque.	21
— IV. La Rencontre.	27
— V. La Galerie des Brodeuses.	35
— VI. L'Enrôlement.	43
— VII. Comment le prince Harold devint le sujet des Broderies.	51
— VIII. La Cour de Flandre.	75

	Pages
Chapitre IX. Le Reliquaire.	83
— X. La Régente.	93
— XI. Départ de l'Armée	101
— XII. La Conquête.	105
— XIII. Pourquoi la Reine Mathilde interrompit sa Broderie.	129
— XIV. L'*Étoile des Mers*.	138
— XV. La Mère du Roi Sanche. . . .	149
— XVI. Conclusion.	159
Notes historiques.	171

www.ingramcontent.com/pod-product-compliance
Lightning Source LLC
Chambersburg PA
CBHW051858160426
43198CB00012B/1651